新时期高校思政课程理论与实践探索

任金晶◎著

吉林大学出版社

·长春·

图书在版编目（ＣＩＰ）数据

新时期高校思政课程理论与实践探索／任金晶著
. -- 长春：吉林大学出版社，2021. 11
ISBN 978-7-5692-9727-0

Ⅰ. ①新… Ⅱ. ①任… Ⅲ. ①高等学校－思想政治教育－教学研究－中国 Ⅳ. ①G641

中国版本图书馆 CIP 数据核字（2021）第 254015 号

书　　　名　新时期高校思政课程理论与实践探索
　　　　　　XIN SHI QI GAO XIAO SI ZHENG KE CHENG LI LUN YU SHI JIAN TAN SUO
作　　　者　任金晶　著
策划编辑　董贵山
责任编辑　董贵山
责任校对　殷丽爽
装帧设计　王斌
出版发行　吉林大学出版社
社　　　址　长春市人民大街 4059 号
邮政编码　130021
发行电话　0431-89580028/29/21
网　　　址　http://www. jlup. com. cn
电子邮箱　jldxcbs@ sina. com
印　　　刷　天津和萱印刷有限公司
开　　　本　787mm×1092mm　1/16
印　　　张　12. 25
字　　　数　218 千字
版　　　次　2022 年 5 月　第 1 版
印　　　次　2022 年 5 月　第 1 次印刷
书　　　号　ISBN 978-7-5692-9727-0
定　　　价　72. 00 元

前　言

教育是一项基础性、长期性、战略性的工程，教育兴则国家兴，教育强则国家强。"青年一代有理想、有本领、有担当，国家就有前途，民族就有希望。"① 这是习近平总书记对青年一代的殷切希望和深情寄语。高校是为党和国家培育英才的场所，也是青年汇聚的地方，是思想最活跃、创新最集中、活力最无限的地方。做好高校思想政治工作是一项任务艰巨、使命光荣、责任重大的战略性工作。中国共产党自成立以来，一直重视思想政治工作。无论是在革命战争年代，还是在社会主义建设时期，乃至在改革开放时期及社会主义新时代，在不同的历史时期，我们党因事而化、因时而进、因势而新，高度重视思想政治工作，并取得了优异的成绩。在新时期背景下，高校需深入贯彻落实习近平总书记关于教育的重要论述，特别是在学校思想政治理论课教师座谈会上的重要讲话精神，落实立德树人的根本理念，坚持教育为人民服务、为中国共产党治国理政服务、为巩固和发展中国特色社会主义制度服务、为改革开放和社会主义现代化建设服务，努力培养担当民族复兴大任的时代新人，培养德智体美劳全面发展的社会主义建设者和接班人。

本书第一章为高校思想政治课程教育概述，主要介绍我国高校思想政治课程教育的发展、高校思想政治课程教育的原则，以

---

① 习近平. 决胜全面建成小康社会 夺取新时代中国特色社会主义伟大胜利［N］. 人民日报，2017-10-28（001）.

及高校思想政治课程教育的内涵；第二章为高校思政课程教学理论基础，主要分析高校思政课程教学的功能和目标，以及高校思政课程教学的问题和方法，并说明高校思政课程教学机制；第三章为新时期高校思政教师队伍建设，主要分析高校思想政治教师队伍的发展现状、高校思想政治教师素质能力需求、高校思想政治教师队伍建设策略；第四章为新时期高校思政课程实践教学理论，主要说明新时期高校思政课程实践教学面临的问题、新时期高校思政课程实践教学的主要原则、新时期高校思政课程实践教学主要方向和理念；第五章为新时期高校思政课程实践教学策略，内容包括高校思政课程实践教学的特征和类型、实现高校思政课程实践教学科学化、实现高校思政课程实践教学环境的优化，以及新时期高校思政课程实践教学方法的创新，最后例谈高校思政课程实践教学方法。

在撰写本书的过程中，作者得到了许多专家学者的帮助和指导，参考了大量的学术文献，在此表示真诚的感谢。本书内容系统全面，论述条理清晰、深入浅出，但由于作者水平有限，书中难免会有疏漏之处，希望广大读者及时指正。

作者

2021 年 7 月

目 录

第一章　高校思想政治课程教育概述

随着我国教育改革的推进，立德树人这一理念成为各阶段教学的重要目标，在此背景下，思想政治课程成为高校教育体系不可或缺的内容。本章为高校思政课程概述，共分为三节，第一节主要介绍我国高校思政课程的建设过程和发展现状，并简要说明国外思政课程的发展和特点；第二节为高校思想政治教育的原则，包括人本原则、红色教育原则、务实原则等；第三节是对高校思想政治课程内涵的解释和阐述，以为接下来的研究和讨论做好铺垫。

第一节　高校思想政治课程教育的发展

一、我国高校思想政治课程教育的发展

自改革开放以来，高校思想政治教育无论是从教学活动、专业发展还是人才培养方面，较之过去都发生了质的飞跃。制度建设和学术研究取得了一系列重大成就，实现了高校思想政治教育科学化新的突破。但事实上，有发展就会出现疑难问题，面对日渐开放的国际环境和国内改革攻坚期带来的一些负面效应，高校思想政治教育也在面临相应的困境和挑战。

（一）我国思想政治教育的渊源

我国自古以来便是礼仪之邦，对于思想政治教育的重视一直是有目共睹的。我国与西方各国在思想品德教育方面有一定的相似之处，比如都注重培养学生礼貌、诚实、正义感、具有社会责任感。实现思想政治教育的

教学目标不仅是为了学生人格全面发展，更是为了满足我国时代发展的需要。我国自古便是注重礼仪道德之国，在中国共产党的领导下，各高校十分重视对学生思想政治素养的培育。对于思想政治教学的历史渊源可以一直追溯到原始社会。

1. 原始社会的德育内容

在原始社会条件下，人从自然界区别于动物便是从使用工具进行劳动开始。在人与人的交往过程中，伴随着集体生活中意识、情感、智慧的觉醒，人所独有的德行的萌芽也得以生长，其中包括天生具备的集体生活的意识以及相互依存的集体精神。这种原始朴素的德育内容被北京师范大学黄济教授称为"生活式的德育"。

2. 古代社会的思想教育

我国古代对于德育的内容可以概括为以下两点。

（1）品德教育往往与政治挂钩。思想教育、道德教育、政治教育与君权统治存在紧密的联系，比如古代德育中非常重要的"忠君报国"观念，便是这一特点的体现。所以说古代思想政治教育主要是为了政治统治而服务。

（2）道德教育内容已渐趋繁荣。先秦"百家争鸣"这一文化现象展现了非常丰富的道德教育内容。其中很多思想对现今发展也有极大的研究意义，比如法家的"法制"教育、道家"寻道"思想，等等。这些思想为我国思想政治教育史留下非常灿烂的色彩。

3. 近现代社会的思政教育

近代以来我国思想政治教学开始呈现学科化特点。清朝末期，在中国传统道德观念的基础上，资产阶级自由、平等、民主思想得以不断渗透。在推翻帝制建立民国之后倡导公民教育，开始出现"公民"课。如当年北京师范大学附中各学年均设有"公民"科。真正意义上的思想政治课是中华人民共和国成立之后产生的，其间经历了复杂的创立发展与改革创新过程。现今思想政治教学是我国学校德育的主要途径，是我国精神文明建设的基础和主要形式。我国思想政治教学的主要目标是培养学生高尚的道德品质，促进学生良好行为习惯的养成，培养全面发展的人才，其服务于我国精神文明建设的思想建设工作。

（二）我国高校思想政治课程教育取得的成绩

1. 建立了学科建制

"建制"是社会学领域中的一个重要概念，原指社会组织内的结构性编制、体系及其建构过程。当任何一门学科发展到比较成熟的阶段，都会形成与其自身发展相匹配的一系列知识体系、制度体系、组织系统和物质支撑系统，它们是观念组织与社会组织的结合，即学科建制。学科建制具有学理建制和社会建制双重属性，二者互为表里，共同支撑思想政治教育专业化发展。

（1）学科知识体系得到完善

首先，经过长时期的建设，思想政治教育的逻辑范畴从无到有，包含基本原理同马克思主义理论的关系、教育内容同临近学科知识的关系、专业知识与其社会应用的关系。以上三种子关系相辅相成，共同构成了知识体系的逻辑范畴。

其次，知识体系是高校思想政治教育的基础。当前，我国高校形成了相对明确的思想政治教育专业知识结构，主干学科与分支学科相互促进、互为依托，思想政治教育的知识体系日渐成熟。在学科建设的三十余年里，虽然不乏疑难问题的阻碍，但高校思想政治教育学科的专业化依然取得了突破性进展，这是有目共睹的事实。

（2）学科社会建制得到发展

外在社会建制是指学科的社会组织与分工机制，代表一种稳定的社会模式和安排，包含其自身的物质载体、组织形式和行为规范。首先，在机构设置方面，当前高校思想政治教育的实体机构主要包括理论研究系统和实际工作系统。其中，理论研究系统主要由全国各高校的思想政治教育教研室构成，理论研究系统承担着学术研究的重大责任，数年来成绩斐然。思想政治教育主要包括三个子系统，分别是党政系统、军队系统和高校系统。其中，高校系统担负着学术研究和人才培养的重要工作，其基本任务在于促进学生思想的转变，是研究系统中重要的组成部分。在新时期，高校思想政治教育的诸多机构都进行了结构化调整，如20世纪80年代的中国高等学校思想政治教育研究会已经合并到中国高等教育学会，并成为其下一个专业委员会。

其次，在制度建设（即行为规范）方面，中共中央国务院第16号文件《关于进一步加强和改进大学生思想政治教育的意见》体现了党和国家对推进高校思想政治教育发展的战略部署，是标志着高校思想政治教育科学化进程迈上全新台阶的纲领性文件，为科学化进程新一轮质的飞跃打下了坚实的基础。一直以来，以16号文件为首的一系列相关规定得到贯彻切实贯彻，系统内部的权责部门各司其职，初步建立了高校思想政治教育的制度体系。

2. 思政教育研究方法取得进步

恩格斯认为，科学的形成要经历两个阶段，一是材料的积累，二是材料的整理。在几千年的发展历程中，人类已经对思想的发展积累了丰富的历史材料和宝贵经验，对这些材料的整理和总结为社会思潮的发展提供了范式，并使社会秩序井然。中国共产党自成立以来，一直致力于带领人民共同创造社会历史，在此过程中积累了诸多历史材料，并将其整合成为现实经验。

中共中央国务院第16号文件《关于进一步加强和改进大学生思想政治教育的意见》下发以来，对高校思想政治教育的研究活动进入归纳整理材料的新阶段。从研究对象来看，研究工作存在两类不同的价值取向，一是学术取向的研究，二是行动取向的研究。如何整理已有的材料并深入理解其内涵，使思想政治教育成为系统化的知识体系，取决于学术研究方法。在现代辩证唯物主义方法论的指导下，我国高校思想政治教育已经形成了自身相对独立的话语系统，确定了基本概念范畴，并建立了初步完备的理论体系。

3. 教育方法得到改进

（1）切实贯彻因材施教的理念

科学有效的教育手段必须遵循学生的身心发展规律，思想政治教育的发展要突破以往教育手段的限制，就要将受教育者放置于时代环境中去看待，深入理解新时期受教育者性格特征的形成因素，并有效利用这些因素辅助教学，达到预期的教学目的。

当前，高校思想政治教育队伍正呈现年轻化趋势，教育者与学生之间的年龄差正在缩小，绝大多数教育者都能全面把握学生的性格成因，妥善处理统一教学与因材施教的关系。教育主体面临的是"95后""00后"这一特殊的学生群体，"95后""00后"这一标签已经成为个性、时尚、朝气蓬勃的代名词，其性格特征不同于以往的任何一代人，他们的内心不能认同传统的灌输式教学方法，而是渴望更为新鲜且带有创意色彩的教学模式，这类需求为高校思想政治课程的创新发展打开了新的篇章，促进了教育手段的正向发展。

（2）初步实现信息化教学

新媒体是时代进步的产物，其出现加速了信息的群际传播，使个体间的交流互动更加密切。在信息化进程不断加速的今天，任何社交软件和新闻客户端都可以成为学生获取知识的渠道，每一条时政要闻都是学生理解知识的案例，隐性教育对学生造成的影响程度也在大幅提升。

目前，高校思想政治教育主体已经能够在高校思政课堂之外有效利用微博、微信等客户端对学生进行信息引导，大多数高校和院系已开设官方微博、微信公众号等公共平台，为学生推送时政信息，解决实际疑难问题，关心学生的学习和日常生活。此类做法表明隐性教育这种教育手段已经得到教育者的重视。

4. 教育人员素质得到提升

1984年9月，我国第一批思想政治教育专业本科生入学。至2005年，形成了三级完备的学科体系，学科建设初步实现了系统化。二十余年间，面向本科生和研究生的思想政治理论课系列教材有了较大的改进，与此同时，领域内不乏高质量的著作。而后又经历了十多年的学科建设，国内共有思想政治教育本科专业234个，硕士学位授予点324个，博士学位授予点75个，且教育者总体呈现年轻化、高学历化的态势。

国家十分重视对教育者的选拔和培养，专职人员是承担高校思想政治教育任务的核心团队，是对学生的学习生活和价值观念进行正向引导的主要力量。兼职人员主要包括优秀的高年级党员或研究生中甄选出的学生辅导员，他们与学生的距离较近，可以利用自身的年龄优势帮助学生树立正确的学习观。这种专兼结合的模式，不仅使教育队伍的数量增加，更能在实际工作中能够发挥更大的作用，从而形成一个个结构合理、精干高效的教育团队。

（三）我国高校思想政治课程教育的发展现状

1. 全球化浪潮对爱国主义教育产生冲击

随着科技和经济的发展，我们已经走进互联网时代。互联网的迅猛发展为人们提供了更多的信息资源，其中包含着大量的没有经过筛选的信息。一些不良的信息潜移默化地影响人们的思想和行为，使得人们无意识地卷入了享乐主义的大潮，甚至部分人在不知不觉中已经沦为了享乐主义的精神奴隶，他们生活的全部希望就是挣钱和花钱，只能在这个过程中寻求一种虚幻的满足感。在这浅薄的满足感的背后隐藏着很多消极的后果，如焦虑、不了解生命存在的意义等情况。全球一体化很容易会让人们的主权意识变得模糊，没有了明确的界限，并且极大地削减了人们对国家和民族的感情，这样将会极大地影响以民族和国家情感为基础的思想政治教育。经济全球化、政治全球化和文化全球化造成了人类面临的全球化疑难问题已经愈演愈烈，比如核武器的扩散、温室效应、贫富差距以及人们对本国的感情淡化等等，这些都需要人们注重全人类的利益，从全人类的利益出发，要求人们在价值观方面不能固守成规，要超越国界，思维方式也不能拘泥于一定范围，因此思考疑难问题的方式也要从不同的角度出发。

由于不同的历史条件和环境的差异，造成在这些条件下产生的思想政治教育理论体系也存在很大的差异。并且这些理论特点由于文化背景的不同存在一定的差异性，各自都有特殊性，而且是符合人类的发展规律的。随着全球化的发展，世界各国文化涌入中国，一些西方国家利用产品的文化魅力吸引着我国的消费者，久而久之，人们就会被他们的价值观念所影响。

那些表面上看上去轻松活泼的文化表象对我国的青少年的影响力是很大的，这些新鲜事物让他们觉得耳目一新，因此，强烈地吸引着他们的眼球。这样一来，我国的主流文化就会面临极大的挑战，这些文化顺着全球化的潮流迅速地渗透到了人们的思想中，这是对我国主权的一种挑战。全球化趋势的蔓延使得民族地区间的界限变得越来越不明确了，各种观念也变得日益模糊，人们观念上的改变导致他们的生活方式也逐渐发生了变化。全球化极大地影响了我国思想政治教育的地位。因此，研究如何应对意识形态边缘化的挑战是很有必要的。新时期如何引导大学生对思想政治教育更有兴趣，这项工作已经迫在眉睫。

2. 互联网浪潮对我国思政教育造成影响

全球的网络信息化普及创造了一个平台，为思想政治教育工作提供了新鲜的血液和一种崭新的传播载体。在信息网络广泛社会应用的前提下，不仅为高校思想政治教学开拓了发展前景，也提升了思政教育的影响力，提高了思想教育的实效性。

阿尔文·托夫勒（Alvin Toffler）曾经提到时代的文化霸权主义，就是指未来拥有互联网掌控权、信息发布权和英语语言文化等优势以达到各种目的的人们，他们才是真正拥有霸权的群体。在互联网的世界中，当来自不同国家的文化相遇产生碰撞时，事实上最终的冲突结果不仅仅是表现在军事上或者地域上的，而应该是文化上的。这样的结果通常表现在一种语言文字对另一种语言文字的吞噬，并且在意识形态领域得到体现。这种文化所造成的影响不仅仅是对中国而言的，也表现在对其他非英语国家的影响，存在着一定的威胁性。

（四）我国高校思想政治课程教育发展面临的问题

当前高校思想政治教育所面临的问题，既包括总体发展方向上的宏观问题，也包括微观建设上的方方面面。只有全面地认清学科在科学化进程中所面临的问题，并不断对已经不适应现实情况的制度和理论予以否定，对前沿理论加以规范和创新，高校思想政治教育学科才始终具有科学性和实效性。

1. 学科建制水平和质量存在不足

（1）学理建制系统化水平较低

一方面，高校思想政治课程的内容已经基本形成，但是学理建制尚不完善，没有清晰的知识体系。高校思想政治教育规律可大致分为宏观规律（产生和发展规律）、中观规律（管理规律、工作规律和过程规律）微观规律（教育规律和接受规律）三个层次，全面把握各方面的规律并加以合理运用，对于促进高校思想政治教育的良性发展具有不可替代的作用。但事实上，当前对高校思政教育知识体系的研究不够深入，缺少对教育规律的研究和应用，三个层次之间也少有联系。

另一方面，思想政治理论系统缺乏开放性。所谓系统的开放性，是指系统内部诸要素能与外界进行信息的交流和互换。高校思想政治教育是一个复合概念，无论是在学术研究还是实际应用中都不可避免地与教育学、社会学等其他领域发生联系，与这些相关领域的理论前沿取得交流十分必要，但在目前，这方面问题还未取得实质性的进展。

（2）社会建制程度有待发展

一方面，高校思想政治教育机构设置缺乏整体性，主要表现为高校思想政治教育的理论研究系统和实际工作系统之间缺乏互动与交流。中国思想政治研究会是中宣部领导组织和促进思想政治工作研究的全国性社团，政研会的主要职能在于组织思想政治教育理论研究和应用，基于这一职能，各子系统之间应紧密团结在政研会周围，并积极加强交流和互动。然而，高校思想政治教育发展的时间不长，两大系统之间没有形成完善的交流和互动机制，存在着各自为政的状况，此类状况阻碍了高校思想政治教育理论研究的深化，影响了实际工作的有效开展。加强两大系统之间的联系，能够推进高校思想政治教育积极发展，同时增强高校思想政治高校思政课堂的实效，具有重大意义。

另一方面，高校思想政治教育制度建设需要进一步加强。首先，尽管已经确立了基本制度，但高校思想政治教育制度体系的完整性和内容的准确性仍然有待提升。例如，关于各高校国际交流生和国内交换生的思想政治教育制度至今空缺，1995 年，我国获准成为"国际学生交流计划"的成员国之一，每年可与世界各地 60 多个国家和地区高校进行人才方面的交流学习。此外，我国于 2009 年成立了"九校联盟"，国内九所 985 高校的学生可以申请互相交换学习。这些交换、交流学生也属于高校思想政治教育的受教育者，但是，对于他们的思想政治教育，一直没有找到合理的制度参照。其次，高校思想政治教育执行力度相对薄弱。在大学或者研究生时期，学生的学习任务十分繁重，他们面临的不仅仅是某个专业的知识，还要应付各种水平考试，也有学生面临着就业的压力，很多事情自然不能兼顾。有的学生在本就不甚充裕的思想政治理论课课堂上做自己的事情，再在考试前"突击背诵"考试重点。面对这种情况，思想政治教师也只好"放水"，放松对学生的要求，降低考试、考核的难度。

2. 教育主体科学认知不足

（1）高校思政教师队伍建设有待优化

一方面，高校思想政治教育队伍的结构需要进一步的调整和优化。这里的结构既包括教育主体的年龄结构，也包括教育主体的专业结构。就年龄结构而言，当前高校思想政治教育主体的年龄呈现多层次的趋势，不同年龄段的教育者各有各的优势。青年教育者对待工作积极性较高，具备创新思维，与学生年龄差距小，相处融洽；中年教育者熟练强干，思维成熟，完成工作的效率较高；年龄较大的思想政治教师德高望重，具有深厚的学术底蕴，在学术研究和人才培养过程中更是不可或缺。但目前在高校中，各年龄段教育主体间分工不明确，教育者的年龄优势得不到最大的发挥。就专业结构而言，高校思想政治课程具有较强的综合性和应用性，所以思政教师在教学指导过程中，不仅要向学生传授理论知识，更要通过科学有效的手段，对学生的价值观、道德规范施加正向影响，做到德育和智育相统一。当前，智育与德育队伍建设有失平衡。此外，心理健康教育是德育工作的重要内容，对心理健康教育的队伍建设不容忽视。提高对德育队伍建设的关注度，其重要性不言而喻。

另一方面，教育主体的综合素质有待提高。当前高校思想政治教育者的准入要求已相当严格，若论及专业知识水平，绝大多数教育者都是领域内的翘楚，是高学历、高素质的人才。但涉及思想政治理论课的课堂教学，则是另一门艺术。所以，一般所说的教育主体的综合素质，不仅包括教师的专业知识和技能水平，还包括语言表达能力、组织管理能力、课程设计与开发能力，等等。当前，一部分教育者在从师技能方面理论有余，实践不足。因此，提升教育主体的综合素质，显得尤为重要和紧迫。

（2）高校学生队伍建设存在难问题

一方面，部分高校学生的价值观念不明确。"95后""00后"是一个极具时代感的特殊群体，他们生于和平、发展的时代环境下，未曾接受过战争和贫穷的洗礼，同时又面临着全球化浪潮的冲击和无法避免的多元文化带来的影响。总体来说，"95后""00后"高校学生的主流意识形态是积极向上的，并带有鲜明的个性色彩。但部分学生的价值观出现较为明显的功利化。此外，部分高校学生还存在着诚信观念和合作意识缺失等问题，这些问题如果得不到及时解决，对我国未来新一代青年发展，甚至对社会发展都会造成十分严重的负面影响。

另一方面，部分高校学生的某些道德行为失之偏颇。道德行为受道德认知、道德情感和道德意志的调控，受教育主体的价值观念一旦出现问题，错误的道德行为很难避免，加之新媒体的开放性使信息传播的速度大为增加，高校学生的道德意志受到了前所未有的冲击。要解决此类疑难问题，就要对学生进行道德教育，树立学生积极正向的道德认知与道德情感，形成"正能量"，从而坚定学生的道德意志，改善学生的道德行为。

（3）主体之间缺乏互动和交流

一方面，教育主体与受教育主体共处的时间、空间有限。近年来，随着高校不断扩招，高校大学生和高校教师比例随之缩小。身为公共课思想政治教师，各高校马克思主义学院的思想政治理论课教育者要面对的是全校学生。思想政治教师无法兼顾到每一位学生，教育者与学生的交集几乎仅限于思想政治理论课课堂。在有限的时间内要顾及的学生越来越多，分配给每位学生的平均时间也就越来越少。

另一方面，主体之间呈单向授受状态。当前，绝大多数思想政治理论课课堂均采用讲授式教学法，这种方法虽然能将知识体系较为全面地展现给学生，呈现出知识的完整性和系统性，但却忽略了学生的主体地位，没有考虑学生对知识的接收程度，错误地将学生置于被动接受的一方。教师无视学生学习的能动性而一味地讲授，会使其学习的积极性大打折扣，降低思想政治理论课的实效性。尽管在新媒体时代下，部分思想政治教师已经意识到此类疑难问题，并辅之以多媒体手段教学，使思想政治理论课的趣味性得以增加，但仍旧没有摆脱高校思政课堂教学单向授受的状态。只有改进高校思政课堂教学方式，注重对学生学习积极性的启发和引导，才能从根本上解决这一疑难问题。

3. 学术研究重理论轻实践

虽然学术研究与行动研究不能混为一谈，但二者绝不是对立关系。一般情况下，高校思想政治教育的学术研究者也是行动实施者，行动研究与学术研究的结合是高校思想政治教育研究方法科学化的前提条件。单方面重视行动研究而忽视学术研究，会使实际行动缺乏理论基础，降低行动的实效性。反之则会使学术研究脱离实际情况，理论的科学性随之大打折扣。当前我们面临的现状是后者。尽管高校思想政治教育处于专业化发展的新时期，但思想政治教育的学术研究方法仍停留在重理论、轻实践的阶段。理论研究者一味重视其知识体系构建，不能很好地将其与实际行动结合在一起。

4. 缺少对教育评价体系建设的反思

（1）评价结果缺乏数据统计

评价指标的多样性导致了评价结果的多重性，每一种评价结果都能够反映高校思政课堂教学中存在的某方面问题。但事实上，未经数据化的评价结果是不具有科学性的，无法加以系统梳理和概括。例如，期末考试中，在试卷具有良好的信度、效度和区分度的前提下，计算不同分数区间内学生数占学生总数的比例，能够更清晰地反映高校思政课堂教学的有效性，为日后教学计划的制定提供参考。如果不这样做，仅仅通过试卷评阅得出每一个学生的分数成绩，此次教学评价的结果则是不全面的。

（2）高校缺乏教学评价的激励机制

无论教育者还是受教育者，都需要激励机制去调控教学过程的能动性。当然，我们并不否定教育者的职业道德，但客观上讲，激励制度与教学效率之间必然成正比关系。如果将思想政治教师的考核评估体系与教学评价结果相关联，评价结果较好的思想政治教师能够在物质上和精神上得到肯定，教学评价结果的利用效率将会大幅提升，数据化了的教学评价现象才能得到反馈，为今后的教学实践活动提供参考。

二、国外高校思想政治课程教育的发展

（一）国外思想政治课程教育的特点

1. 以课堂教学作为思政教育的主要手段

在当代西方高校的教育过程中，虽然思想政治教育使用的名字是不相同的，但其所围绕的主题教育课程的内容是基本一致的，都具有鲜明的时代性和政治性。通过阅读西方的有关思想政治教育的参考文献，并且对回归人员进行深入的调查，我们不难发现，当前西方高校在进行思想政治教育的时候通常采用道德素质教育、政治教育以及宗教教育等方式来进行。

与这些主题所对应的课程主要有西方文明史、思想史、人文科学和社会科学等。他们主要通过课堂教学来完成思想政治教育，比如说在美国，实施思想政治教育的主要方式就是老师讲解。老师对相关的理论进行讲解，从而达到为西方国家思想政治教育做宣传的根本目的，这样才能让学生真正意义上接受并实践。

2. 利用宗教辅助思政教育

国外宗教教育是具有政治教化、道德教化的功能的。与此同时，宗教教育还被应用到影响民众的思想言行，宗教教育有一个十分重要的作用，就是它能够在一定程度上减轻人所承受的精神压力，还能缓解被压迫民众和西方资本主义统治阶级之间的矛盾，在维护西方国家社会稳定方面是很有好处的，因此，思想政治教育在西方国家也占有很重要的地位。英国坎特伯雷大主教曾说过，我们自从启蒙运动开始就一直生活在上帝的残余信仰之中。如果人们离开了这种信仰，就会觉得要找一个能代替的基础是很困难的。

人们的思想观念随着社会的发展产生了极大的转变，但完全没有降低宗教在西方国家中的地位，还在一定程度上使其影响范围变得更加广阔。当前，大部分的西方国家都倾向于将宗教教育的理念灌输到人们的日常生活中，把宗教教育作为开展思想政治教育的主要途径。西方国家通过各种宗教的团体活动和文化活动将人们对宗教的信任转移到对政府的信任上，从而达到政府维护自身的统治地位的目的。

尽管一些西方国家已经明确规定了宗教在他们国家政治的地位，但事实上宗教在他们生活中的影响仍然是无处不在的。例如，在总统的就职典礼上、议会的开闭会议中都会由牧师来主持。西方国家还规定了一些与宗教教育相匹配的方法，例如一些宗教仪式和教条等。西方国家的高校思想政治教育一般都是采用宗教教育的方式进行，如在英国和法国以及意大利等国家的高校还专门设立了宗教教育的课程。

因此，不管采取怎样的措施，都不能改变西方国家为了维护自己的政权，采用宗教教育的方式来达到这种维护政权的目的。再以"神道教"作为国教的日本为例，他们信仰的宗教还有佛教、基督教、伊斯兰教等。其中，基督教的教义很好地反映了西方多家思想政治教育的本质。殉道精神指的是为了追求宗教信仰，哪怕是要付出自己的生命，也要维护自己的宗教信仰，也要实现自己的目标。这种精神看起来像是在努力追求自己的宗教信仰的一种无畏的精神，实际上是要起到团结人心的作用，也是西方国家为了巩固阶级统治，在统治人民方面打下思想基础。

3. 利用媒体宣传提升思政教育效果

现代思想政治社会化是通过报纸、广播、电视、电影，以及计算机网络等大众传媒工具来进行的。毫无疑问，在当代思想政治教育的宣传上，这些大众媒介起着至关重要的作用。在英国、美国等发达国家的大众媒体是一种宣传思想政治教育的有力武器和有效途径。他们通常都是打着自由民主和多元化的旗号，通过一切可用的媒介来传递这一观念，但实际上却是在为资产阶级的思想观、文化观、价值观和政治化做宣传，想要通过这种方式对人们进行意识渗透，并且对外进行政治上的影响。

同时，大众传媒教育具有容易被学生认可和易于接受的特点，这样就能够潜移默化地对受教育者产生影响，与传统的高校教育相比，这种教育方式的优势是显而易见的，因此，现在西方高校大都会选择这种方式进行思想政治教育，不仅能极大地提高教学效率，还能在一定程度上促进学生道德认知水平的发展。

不过，从辩证的角度看哲学，任何事物都有两面性，任何一面都会使得结果存在较大的差异性，甚至两者的发展完全是相悖的。当然，大众媒体的应用方面也是同样的情况。一方面，很多人都利用大众传媒的手段来达到自己营利的目的，他们为了增加利润，为了提高收视率和发行量，完全不顾及广告内容的真实性和是否健康的因素，只是一味地谋求利益，完全扭曲了大众传媒的本身的功能，以至于错误地引导了西方高校的学生的政治生活和意识形态，导致思想教育在大众传媒的途径中向完全相反的方向发展。这些极大损害了思想政治教育在西方高校的宣传和发展，造成了不好的影响。

（二）国外思政教育对我国思想政治课程教育发展的启发

1. 建立融洽的师生关系

在思想政治教学活动中，师生交往关系对教学过程和结果存在着极大的影响。我们传统的"重师轻生"观念不可取，但"重生轻师"完全以学生为主的高校思政课堂也同样是不可取的。高校大学生和高校教师之间无所谓关系平等与否，本不应该严格对立、分离高校大学生和高校教师之间关系。思想政治教师与学生应该是一个包容的交往交际关系。

思想政治教师与学生之间的关系在极大程度上影响着教育的各个方面。比如，学生常常会因为习惯某一位老师，而爱上这位老师所负责的学科，进而提升成绩；同理，也有学生会因为不喜欢某位老师，而对该老师所负责的学科产生厌恶心理。建立区别于友谊、同情、恋爱关系的包容性的"我—你"交往关系，在教学中自然而然不考虑谁更重要的问题，非常值得我们在思想政治教育中学习。

2. 杜威的实用主义道德教育理论

新时期，各阶段教育改革都提倡加强学校与社会的联系，甚至是从小确定职业培养方案，根据职业规划进行有针对性的培养，等等。那我们社会对学生要求的多元化与现今教学的一元化矛盾能不能通过实用性取向进行改善呢？在学校的一元培养中从开始就融入社会的要求，学生或许在学校接受的还是比较统一的教育，但这是对于社会所需要的，可以直接与社会需求的学习融合。学校教育更具体、更适应于现实世界。

第一，教育即生活。学校对学生的日常生活应给予关注，学校的环境需要加工改造来适应学生的特点，所以杜威的"生活"是经过"处理"之后的生活，这里的"生活"虽然是经过"加工"之后的，但我们同样可以体会到教学不仅仅是死记硬背，还应有一个生活体验的过程，教学应与社会生活和学生个人生活进行融合，高校对学生的教育应从讲授向体验转变，向生活"靠拢"，在转变教育方式的过程中增强教育效果。

第二，学校即社会。学校要加强与社会的联系，把学校变成小的社会，使学生在学校中体会、体验和感受社会的要求、需要和价值观，引导学生与社会积极互动，在交互中积累经验、吸取教训、掌握生活技能，以提高学生适应生活的能力。

第三，从做中学。"从做中学"是杜威在教学过程中得出的重要教学方法，杜威反对学生坐在课桌前死记硬背式的僵硬学习，强调要从"做"中有效地学习，学生通过亲自"操作"获得知识。杜威认为给学生现成的材料避免学生犯错是不对的，应给学生未经加工的粗糙的材料，他认为如果学生活动的目的只是为了完成任务，那么学生获得的知识只不过是技术而已。从中可以发现杜威的"从做中学"理论是对传统教学注重知识本位，忽视学生兴趣的反驳，应让学生的知识和行为相统一，以达到预期效果。生活化的思想政治教育就是要学生在生活中接受教育，亲身感受生活之美，让学生亲自去实践，从"听中学"变为"做中学"，并把所学理论与生活结合，从而转变学生思想，提高其道德水平。

3. 斯宾塞道德教育方法

斯宾塞对于儿童道德教育方式很简单：有耐心，少发布命令，不以成人眼光对待。这些我们都可以轻易理解，但在真正的高校思政课堂上，思想政治教师有可能会因为课本内容和课程标准要求，将学生提出的宝贵思考和值得讨论探究的一些片段都给忽略掉。这显然是得不偿失的。这样的思想政治教师其思政课堂形式即使富有新意、积极能动，但还是与课本的传声筒、留声机存在同样的性质。学生的核心素养和全面发展，思想政治教师的与时俱进与专业化，不只是宏观的理论层面的，更应是具体意义上的。思想政治教学是对人的教学，是对学生发展的教育，所以更应该从小处入手，像斯宾塞对于儿童道德教育提出的要求一样，灵活细致，抓住高校思政课堂中突发的教育点，积极引发学生创造性、突发性的思考，让高校思政课堂中除了活动引发的活泼场面外，真正呈现灵活生动勃发的一面。

当今世界，各种思想文化相互碰撞，既相互纷争，又相互吸引。通过博采众长，比较进步，才能焕发出更加旺盛的生命力。当代西方国家道德教育理论思想活跃，各有所长，对我国思想政治教学问题中具有一定的借鉴意义，我们有必要通过具体的认识再与我国实际相结合进行多方面研究。但无论是理论还是实践方面的研究，都需以包容、开拓的精神来看待这些观点，以务实、严谨的态度进行细致研究。这样才能批判性汲取有益成分，发掘出可用观点，真正取得创新性发展。思想政治教学不同于其他学科的学习，它有明确的核心理念并在教学内容上充分体现，是对某些思想内容的强化和灌输。因而很多高校思政课堂中经常会出现设计性过强，局限范围过窄的问题。21 世纪不可遏制的全球化浪潮影响和改变了包括教育在内的人类生活的方方面面。我们越来越受到多元文化与知识的渗透，对于思想政治教学的生成性问题应该有一个更合理的态度。

第二节　高校思想政治课程教育的原则

一、以人为本原则

（一）何谓"以人为本"

"人本"这个概念在中华优秀传统文化中由来已久。人本原则的思想最初雏形来自春秋时期的管仲，"夫霸王之所始也，以人为本，本治则国固，本乱则国危"。①《管子》中的这句话充分证明了我国以人为本的思想在古代就已经得到了社会的普遍认同。而且作为儒家文化的代表人物孟子也曾提出"民为贵，社稷次之，君为轻"。这显示出了人本原则在中国有着广泛而深刻的理论基础与普遍认同。而在马克思主义理论中，关于人本原则的思想也是马克思主义理论中最重要的内容之一。

在高校思想政治教育中贯彻"以人为本"的原则，更看重学生作为个体的个性的发展，形成一种对人在社会中扮演了重要角色以及发挥着重要作用的肯定。这个个体不仅是指学生个体的自由发展，也是指作为教育者的思想政治教师同样也是主体之一，承担着重要的责任。思想政治教育工作坚持人本原则实质上就是坚持以人为本的教育理念，将教育者与受教育者都放在主体的地位，将马克思主义的基本观点运用到日常教学工作中，实现教学资源、综合管理、思想指导三者的有机结合，为高校青年学子树立正确的价值观、世界观、人生观，以及今后个人的发展与国家的前进打下良好基础。

（二）人本理念的意义

1. 有助于落实高校思政教育价值观

新时期，高校思想政治教育实践的原则之一就是以人为本，同样，在

---

① 李山、轩新丽译注：管子 [M]，北京：中华书局，2019：767.

思维导向上也要坚守这一原则。只要确定了坚持人本原则的教育理念，就能够促进高校思想政治教育发展创新以及对整个社会教育体系的改善。同时也会在高校思想政治教育内容上的选择、教育方法以及手段的运用上产生重要影响。所以，在这种社会条件下其将不可避免地成为教育者进行思想政治教育的工作理念，这就要求思想政治教师作为引导者在进行德育工作时，自觉在头脑或者说是自身观念中坚定确立人本原则的核心地位，切实把爱护、理解、包容切实贯彻到具体工作中去，应该让当代大学生在学习中的主体地位得到充分的尊重。

2. 有助于实现高校思政教育目标

新时期，高校思想政治教育的主要目标就是加强人作为独立个体在社会中完整自由的发展。人通过主观能动性改造自然，继而改变物质生产实践来让其本身生存的需求得到满足，而对自在自然进行改造的前提就是要在一定的社会关系中进行。随着社会生产方式和生产水平的不断发展和变化，生产力水平的不断提高，人类的社会实践能力不断提升，就会导致作为社会主体的人想要摆脱内部环境和外部环境束缚的能力会随之不断增强，人们身在复杂的社会环境中也必将越加自由而全面，作为上层建筑思想政治教育在引领人类生存发展的同时，也一定会在未来的共产主义社会实现人自由而全面的发展。

3. 有助于走进学生群体

大量具有重复性的精准社会调查均证明，现如今我国青年学生的政治素养和思想教育水平总体来说较为良好。他们在日常生活和学习中思想活跃、拥护中国共产党的领导、热爱祖国，并在社会和学校的双重影响下成长为对中国道路、理论、制度、文化等方面充满自信的社会中坚力量，并且坚信社会主义现代化伟大蓝图和中华民族伟大复兴的壮阔目标能够实现。但是，在西方资本主义的冲击下，我国部分大学生思想同样也面临着冲击和挑战，而且逐渐受到拜金主义和民族虚无主义等思潮的影响，表现出对过往历史、民族英雄甚至是对中国共产党的质疑和否定。作为思想政治教育理论传播重要阵地的高校如果不能够深刻认识到贴近青年学生，彻底了解他们的思想变动历程的重要性，那就只能被认为是进行"灌输式"教育的场所。在新时期，作为高校思想政治教师，要加强与学生的联系，要深入学生群体，了解学生的想法和当前遇到的困难，并予以学生恰当的帮助和指导。在此基础上，要更进一步地与学生沟通交流，运用全新的教育教学方法去了解青年群体的思想症结、心理诉求，将自己置身于青年群体中去，才能在生活和学习中与他们进行更好的交流和沟通，达到教育双方的相互理解和支持。

（三）高校思政教育如何贯彻人本理念

1. 实现师生双主体地位的业内共识

首先要尊重并强调教师的主体地位。在思想政治教育中，思想政治教师扮演了一个举足轻重的角色，虽然大学阶段众多学生在生理上已经成年，他们朝气蓬勃，勇敢上进，但与此同时他们同样也是一个意志力较为薄弱的群体，世界观、人生观、价值观还未完全扩充完整。如果没有思想政治教师正确和合理地引导，他们很容易在意识形态上产生偏差进而对个人甚至学校和社会产生严重的负面影响。高校思想政治教育就是要发挥出思想政治教师的引导作用，教师要充分了解学生的成长环境以及人生经历，尊重其个体的独立与个性，将理论知识逐步以学生所能接受的方式传授给学生。其次要尊重学生的主体地位，发挥学生的主体作用。思政教育工作者必须让学生意识到自己的主体作用，使其产生强烈的主体意识，在日常学习和生活的交流中逐步培养起学生的自觉学习态度，真正做到心中有律，行动有规。只有在业内达成教育者与被教育者双主体地位的共识，才可以让思想教育理论不断地得到创新与发展，加强思想政治教育在现实生活中的实践作用，使主体之一的受教育者成为我国社会主义现代化建设的中坚力量。

2. 加强科学技术和方法的运用

现今时代是大数据、人工智能的时代，各种科学技术层出不穷。思想政治教育作为教育体系中极为重要的一环同样也需要跟上时代潮流，利用科学技术促进教学方法的创新与发展。先进教育必须更注重培养能力，但能力必须与自身知识体系结合在一起才能发挥更大效用。所以努力做到知识与能力的结合才能在科技时代实现科技与教育的创新发展。要想让思想政治教育的实效性得到提升，教育者一定要将自己置身于科技发展水平不断推进的历史发展进程中，做到因势而新。教育者要正确认识我国与其他西方发达国家之间的差异，全面的、客观地认识当代中国教育环境，并与国际接轨，不断提升自身教育的质量与水平。在教育手段上的创新往往体现着一个学校对思想政治教育的重视程度。不断开展课外实践活动，如田野调查或红色之旅等方式，是让一部分五谷不分、四体不勤的青年学生体验当代中国与近代积贫积弱备受屈辱的中国最直接的方式，也是历史与现代的一次跨时空连接。还有线上慕课等大量利用网络平台衍生出的全新的教育教学方法，不仅创新了思想政治教育的传播模式，也合理优化了对被教育者的考察结构。基于此，各大高校更应该积极合理的利用起网络平台，对大学生进行多方引导，合理上网、文明上网，全面提高网络化时代高校学子的整体素质。

3. 完善高校德育环境的建设

校园文化环境无论是对思想政治教师还是对学生都会产生极为重要的影响。习近平总书记在多次讲话中都强调了立德树人这个教育大环境和教育基本理念在高校思想政治教育中的重要作用，高校作为社会主义建设人才输送的主要阵地，积极推进立德树人教育环境的基础建设就是坚持以人为本原则发展创新思想政治教育。首先要把师德师风建设放在首要位置，思想政治教师不仅是专业知识的教授者，同样也是道德教化的传播者，师风师德建设是高校立德树人教育环境基础建设的最重要一环。这要求高校思想政治教师不仅要有高学历，还要具备高品德，只有这样青年学子才能对学生产生积极正面的影响，对整个高校环境起着至关重要的作用。其次是必须把马克思主义的指导作用放在首位，以科学性和革命性统一的马克思主义指导思想为主体，根据受教育者的需要开展丰富多彩、创新十足的校园文化活动，具体切实贯彻理论上有指导、实践中有规范。最后，要在校园网络平台中坚持宣扬立德树人理念，将高校人本原则的思想政治教育方法和观念合理植入学生群体心中，让他们从内心产生强烈的认同感和荣誉感，并且以自身行动积极维护校园文化环境的创建。

4. 引导学生进行自身人格塑造

人本原则的基础环节就是受教育者作为独立个体的完整人格塑造与发展。高校教育的价值所在是源源不断地向社会输送高素质高文化的人才。面对激烈的社会竞争，高校思想政治教育人本原则的重要问题就在于，怎么样才能在校园环境内实现受教育者完整人格的健全发展。现今社会，不仅要求青年学子有更高的文化素养、科学素养，更要求其作为社会中的一个独立个体，有其完整人格的具体展现和政治态度的积极方向。高校思想政治教育就是在以人为本的前提下，使青年学子自信、自立、自强，不断引导和发展他们成为整个社会的优良建设者，且能在飞速发展的社会环境下做出积极应对以保证自己不被社会所淘汰，还能为社会的发展、国家的富强做出贡献。只有这样才能实现自己的人生价值，在面对未来世界挑战的时候才能够做到从容不迫。思想政治教育是我国高校教育的重要内容，在教学实践中，我们必须坚持以人为本的理念，将"一个主体"的观念彻底打破，强调教师在教学引导方面起到的主体作用，认识学生在校园文化建设、思想道德建设中的主体作用，培养思想政治教师在教学中的主动创新性和学生在学习过程中的主动接受性，在科学的马克思主义理论的引领下，才能真正实现中华民族的伟大复兴。

二、红色文化教育原则

（一）红色文化的内涵

红色文化具有浓厚的民族色彩，是特殊和不可磨灭的历史印记，需切实发挥其思想引领的功能，梳理当代大学生对国家制度和文化强大的自信心。

（二）思政教育融入红色文化的方法和意义

新时代背景下，教育工作者需对我国现代化发展进程中建构的"大思政"格局具有深刻的认识，从中获得新的思想政治教育思路。根据时代发展的趋势，以及大学生的思想问题，做好知识教育、文化教育、思想教育工作。新时期，思想政治教师应将红色文化与思想政治教育进行深度融合，将红色基因渗透进大学生的大脑和意识形态中。将我国优秀的文化形态与先进的思想理论进行融合，引导高校大学生形成深厚的历史文化底蕴，令他们更加热爱祖国和忠于信仰。思想政治教师需使学生领会革命精神的价值意蕴，使他们树立远大理想和坚定的信仰，为他们的努力奋斗指明方向。在高校思政课堂上，思想政治教师可以以延安精神、苏区精神等知识为切入点，对既定的课程内容进行丰富与扩充。将红色文化与思政理论课进行有效结合，面向大学生开展持续和开放的理想教育、爱国主义教育、文化教育。思想政治教师针对高校思想政治教育实效性建设进行具体操作与实践的过程中，应有效地传承红色文化基因，以使学生能延续革命先辈的爱国意志和无私奉献的精神，使其对和平时代的"英雄"进行现代化的解读和定义。利用更具现实性和实效性的思想政治教育，培育出可助力国家经济、政治、文化等领域持续健康发展的"英雄"。

三、务实求真原则

（一）何谓"务实求真"

1. 思政教育要符合我国社会发展的客观实际

群众个体所拥有的社会关系以及社会意识等因素，不仅会对群众思想的变化发展产生影响，而且还会对其起到制约的作用。思想政治教育对于群众个体与群体的思想转化都要加以重视，并且要重视社会风气以及舆论能够起到的作用。这就要求，思想政治教育出发点与立足点一定要基于社会发展的实际以及群众的思想问题现状，不仅要将群众看成是一个整体，在相同的起点上进行教育，还要对千差万别的群众思想问题深入细致地进行研究，并对其加以解决。这样一来，就能够让理论与实践紧密地联系起来，让思想政治教育本身的针对性以及有效性得到增强。要想对群众思想发展变化的规律有准确的了解与掌握，那么就只能与实际紧密贴合，做好与之相关的调查研究工作，让思想政治教育的针对性、系统性以及创造性不断得到增强。

2. 思政教育需结合利益引导

群众的思想、行动都与其自身利益密切相关，利益是群众进行生产及一切活动的动因，同时也是群众思想问题产生的根源。马克思主义的基本原则，就是让群众对自身的利益有充分的了解，并且让群众团结起来，为之进行奋斗，所以应该将群众利益作为着眼点进行思想政治教育。从利益导向上看，社会中一切人的关系都是利益关系，社会矛盾之所以会产生，就是因为在利益上存在着差异或者利益是对立的。国家如果想要将人心凝聚起来，让矛盾得到协调，从而形成强大合力，其坚持的利益导向一定要正确。利益导向正确，社会不同阶层和群体就会从根本上协调一致，能够共同行动，增强社会合力。

3. 思政教育工作者要坚守务实求真的作风

求真务实是党的优良作风的集中体现，作为高校思政教师，也要坚守这一原则来进行教育管理工作。思想政治教育工作者必须养成求真务实的作风，把求真务实、言行一致作为自己思想和行为的重要准则。要做到求真务实，就要不唯上、不唯书，实话实说，实事实办，少搞形式，不尚空谈；要爱岗敬业，把工作当事业干、当学问钻，既练"唱功"又练"做功"，勇于探索、创新，给学生树立良好的榜样。

（二）务实求真原则的意义

首先，从思想政治教育的现状看。随着时代的发展，一些传统的思想政治教育方法已不能适应群众现在的思想；传统的思想道德规范与群众的思想实际不相适应。同时，思想政治教育注重的知识灌输理论，在整体素质教育方面比较缺乏，导致了思想政治教育不能与现实需要相适应。要想让这些疑难问题得到解决，最有效的方法就是在思想政治教育中坚持求实原则，从而满足瓣形势下思想政治教育方法发展的需要。

其次，从思想政治教育的作用看。在新时期，创造价值就是思想政治教育最大的价值，可以在精神转化为物质的过程中，让先进的思想和党的路线、方针、政策可以被群众理解与掌握，进而让其变成能够改造世界的物质力量。

（三）高校思政课程如何贯彻求实原则

1. 以务实求真作为高校思政课核心理念

对于思想政治教育来说，其开展的主要渠道就是思想政治理论课，高校思想政治教育传授的知识应该是生动活泼的，而不应该是死板的，应该始终坚持实事求是，从学生的认知特点和接受能力出发，使思想政治教育的内容具有时代性、具体性，所以，在不同的时期，进行思想政治教育的内容也应该是不同的。并且，在新时期，高校思想政治教学不能仅仅依赖教师单纯地向学生传授理论知识，更要开放理念和方法，充分结合现代化的多媒体教育教学方式，实现教师与学生的互动，提高学生对理论课知识的接受性，提升高校思想政治教育的实效性。

2. 高校学术研究坚守务实求真信念

高校需要在学术领域真正贯彻求实原则，实事求是地对待学术成果，为高校营造健康良好的学术氛围。高校要用求实原则指导学术态度端正。如今，学术不端行为仍然层出不穷，如找写手代笔等不道德的学术行为依然在源源不断地出现。因此，在开展高校思想政治教育工作的过程中必须要坚持求实原则，加强高校大学生和高校教师学术道德教育，强化学术规范教育、学术诚信教育、科学精神教育、学术法制教育，保持学术的健康发展。

3. 以求实原则完善高校德育建设

首先，高校要以实事求是为原则，健全完善思想政治教育的领导体制与工作制度，把求是原则贯彻到思想政治教育教学以及日常的工作中，不仅应该反对所有的形式主义作风，也要反对任何形式的弄虚作假，进而促进思想政治教育机制进一步完善，真正发挥思想政治教育的作用。

其次，高校思想政治教育工作应该依靠全体教职工，而不能仅仅依靠思想政治理论课教师或专业课教师。提升高校全体教职工的育人意识，要以实事求是为原则，充分考虑高校教职工的人群特点。一方面，要选择合适的载体，利用各种现代化科技手段提升高校教职工的育人意识；另一方面，高校要以实事求是为原则对全校教职工的思想态势进行调研，通过对他们思想现状的准确把握，有针对性地提高他们的育人意识。

最后，在求实原则的指导下进行高校校园文化建设。一方面，高校要以求是原则提升校园物质文化水平，提升校园形象与风貌，对和谐的校园文化氛围进行营造，使学生在潜移默化中接受文化教育；另一方面，高校要以求是原则提升校园精神文化水平，要结合学生现状和需求适当设计校园实践活动，促进学生综合素质的发展。

四、延伸原则

（一）延伸原则的内涵

高校思想政治教育应与时代对接，明确方向，延伸教育视域。高校不局限在学校教育系统内对大学生进行评价与教育，应组织全员参与教学活动，培育出德才兼备、适应国际社会发展的高精尖人才。将思想政治教育作为培养人才的重要手段，帮助学生打好做人的"地基"，在此基础上秉承开放和包容的心态学习全世界的优质文化和知识。

（二）思政教育中落实延伸原则的方法和意义

思想政治教师应以互联网为媒介，拓宽学生看世界的视野和思维，令他们不被当前的复杂局势所困扰和蒙蔽。如思想政治教师可利用"西方污名化新疆棉花"的政治事件，对学生进行具有实效性的时政教育，令他们从不同角度分析西方社会与我国社会的关系。且利用国家面临的困境，激发学生的爱国主义精神，令他们自主地提升和完善自我。在新时期，高校必须拓宽思想政治教育视域，使学生的努力奋斗和学习与国家的发展相连接。这样，不仅可全面提高思想政治教育的实效性，还可引导高校大学生建立大格局和国际视野，极大地转变他们功利性的学习动机。

五、全方位原则

（一）全方位原则的内涵

新时期，高校应构建全员全过程全方位思想政治教育体系。教育工作者应对内部资源和社会资源进行科学的整合和合理配置，使学生在校内和校外都能获得良好的思想引领和能力锻炼。

（二）思政教育落实全方位原则的方法和意义

新时期，切实增强思想政治教育的实效性，应对当前社会的人才需求标准与教育要求建立新的认识。在西方制约我国现代化发展进程的形势下，高校应继续强化大学生的文化自信、制度自信、道路自信。思想政治教师应构建开放式的思想政治教育模式，在组织学生学习课本中先进思想理论的同时，能对世界局势、我国的发展态势和目标等进行深入了解。同时，思想政治教师需在整个教学的过程中，全面关注每一名学生个体的政治立场和态度，帮助他们全面提升思想政治水平。而所谓的全方位育人，更注重展现育人思想、育人方法、育人理论、育人资源、育人模式的整体性和全面性。思想政治教师要运用丰富的教学内容、多样化的教育手段，促使学生端正思想立场，具备较高的思想政治觉悟，且拥有符合时代需求的创新创业能力。另外，思想政治教师需积极汲取新的养分与思路，明确"如何开展思想政治教育"，更要对"培育现代化人才"进行积极的解读。高校需面向世界、面向未来制定思想政治教育规划，从学生长远发展角度出发，对教学形式进行创新与优化，努力实现高校教育立德树人的核心目标，为国家培育出具有坚定政治立场和革命信仰的新型人才。

六、灌输原则

（一）灌输的内涵和意义

这里所说的"灌输"，并不是是指"填鸭式"教学或"满堂灌"教学，这是对"灌输"内涵的曲解和偏见。这里所说的灌输，是指通过对教学内容和教学方法的优化，以一种潜移默化的方式，把课程相关的知识、理念传授给学生，帮助学生形成科学的、正确的世界观和方法论。

（二）高校思政教育如何采取灌输策略

1. 保证灌输内容有较强的针对性

在高校思想政治教育教学工作中，教师所灌输的内容，必须有一定的针对性，有利于培养高素质、自主性、批判性的人才。现阶段，一定要把灌输内容的重点放在对大学生思想认识以及现实问题的解决方面，对社会当前普遍重视的热点话题进行辩证、客观、科学的揭示，借以培养大学生的思维能力，培养其更加深入的分析能力，并在培养大学生知识水平的基础上对生活实践能力进行提升。这样有助于提高灌输原则的感染力和说服力。

2. 灌输内容适当穿插反面材料

随着经济全球化的逐渐深入，我国社会呈现出转型局面，形势复杂，很多大学生在成长过程中不可避免地会遇到很多困惑，如果只是单纯地使用正面灌输的教育，那么就会过于单调，显得苍白无力。所以，在进行灌输教育的时候，可以适当地穿插反面材料，不能一味地回避社会转型时期面临的巨大困难。这样的灌输教学更具说服力以及可信度，才能让学生接受，最终起到提升学生综合素质的效果。

3. 灌输的手段要具有新意

灌输原则在实施过程中必须坚持教育模式的启发和引导作用，不能强制地硬灌。在新时期，大学生的独立意识越来越强，随着社会经验的丰富，创新意识和法律意识越来越强，在这种情况下，高校思政教师要想采取灌输的教学策略，就要对灌输的方式和方法进行创新。首先，做到理论与实践相统一，扩大灌输的覆盖程度，重视灌输中显性与隐形相结合的方法，提倡形象、环境、行为、校园文化、舆论、网络媒体以及时间等多种灌输方式相结合的模式。其次，将灌输原则充分融入管理、文体活动、校园文化以及网络媒体之中，潜移默化地影响大学生的思想意识。

4. 实现灌输与自我发展的结合

事实上，自我教育与灌输原则存在着相辅相成的关系，因为二者有着共同的目标。教师在把知识或理念灌输给学生之后，学生必须通过自我教育才能对这些内容进行理解和运用，此外，自我教育也必须以灌输原则作为前提条件，否则自我教育就缺乏正确的引导。灌输原则以其系统性、目的性以及正面性使学生在自我教育的过程中避免了随意性以及零碎性，有利于克服认识和理解上的误区。如果一味地否认灌输原则的重要性，就等于否定了教育的必要性。

5. 灌输过程中要培养学生主观能动性

事实上，大学生虽然是灌输的客体，也需要增强独立意识以及自主意识，具备相应的主体能动性。由于大学生人格独立、重视自身感受、崇尚自我实现，因此，主体能动性更能激发大学生的学习动机和创新精神，实现自我教育，乐于接受灌输。只有不断实现客体的能动性，灌输的价值才能得到提升。反之，如果思想政治教师在灌输原则实施的过程中只注重自我为中心，不注重大学生主体性的发挥，使其思想和行为受到抑制，灌输原则的目的就不容易实现，不利于大学生潜能的发挥。

七、心理相容原则

（一）心理相容原则的含义

1. 何谓"心理相容"

心理相容是指群体中各成员之间由于理想、信念、观点一致而形成的一种融洽的心理交往状态。每个人都是独立的个体，由于所处社会环境不同、社会经历各异以及认知水平参差不齐等，个体之间存在一定差异，主要表现在能力、思维、兴趣爱好、性格和气质等方面。在实际生活中，个体之间又有着相互联系、相互依存的关系，只有承认自身与他人的差异，做到相互理解、相互包容、相互信任和相互支持，个体之间的关系才能呈现出良好的发展趋势，社会也才能和谐发展。心理相容是实现个体之间"你中有我，我中有你"融洽关系的前提和保证。单独的个体只有在充满信任、理解、包容和情感交流的心理环境中，才能激发其主观能动性，使其更具活力、创造性、创新性，从而以更乐观健康的心态面对生活、学习以及工作，实现自身价值。个体之间只有心理相容，才能创造一个积极的心理环境，从而将个体的力量凝聚在一起，集中力量实现集体的奋斗目标。

2. 思政教育中的心理相容原则

思想政治教育中的心理相容指的是教师与学生之间不存在心理屏障，认可彼此的个人能力，接受和尊重彼此的思想观念，理解和支持彼此的个性特征，形成心理和谐一致、情感相融相通的心理状态。要想使高校思想政治教育取得较好的结果，首先要保证师生之间要心理相容，也就是师生之间相互信任和理解。相反，如果不能满足这一条件，则高校思政教育就无法顺利展开。

（二）落实心理相容原则的意义

1. 有助于优化心理氛围

在思想政治教育中，心理相容原则促进了教育者与大学生的相互理解、相互信任、相互依赖，形成了融洽、交流无障碍的高校大学生和高校教师关系，营造了良好的心理氛围。大学生在与教育者进行交流时，双方关系融洽，没有歧视、猜疑或矛盾，就能敞开心扉畅所欲言，说出自己所思、所想，为教师了解大学生思想状态提供帮助，从而促进高校思政教育工作的开展。

2. 有利于师生发挥主观能动性

一方面，心理相容使大学生保持积极乐观的心理态度，不论是在生活上、学习上，还是在未来的工作中，都能充分发挥自身的主观能动性，激发思维潜能以及学习热情，促使他们积极主动地接受正确的引导，提高他们的学习效率和学习质量，进而获得心理满足感和成就感，形成一种良性循环。另一方面，教育者看到大学生在自己的引导下，以积极乐观的态度面对生活、学习和工作，也会获得满足感和成就感，进而激发教育者的主观能动性，继续以积极乐观的心态投入教育工作。

3. 在一定程度上消除学生逆反心理

大学生的世界观、人生观、价值观正处于发展期和形成期，对疑难问题的了解并不全面，常常只知其表象而不知其本质。再加上大学生的个性强，自我管理能力差，常常以自我为中心，当自己的一些做法不被家长、思想政治教师、朋友所理解和信任时，就会产生消极对抗的情绪，出现逆反心理。在开展思想政治教育工作的时候运用心理相容原则，教师会主动关心、信任、尊重、爱护大学生，让他们感受真诚的人文关怀和情感温度，触动其内心，让大学生能够对其产生信赖感，对于教育者进行的正确引导愿意主动地接受，并且能够听取不同的意见，消除大学生的逆反心理。

（三）高校思政教育如何有效运用心理相容原则

1. 师生之间互相接受并认可对方价值观

心理学中的相似性原理指的是拥有大致相同或者较为相似的观点的

人，能够更容易互相理解，吸引彼此，生活中大多数人喜欢接近有相同观点的人。思想政治教师和学生如果在信仰或者价值观等方面有较为相似的地方，就会使他们有一种"彼此相像"的感觉，这样，他们在心理上就能理解彼此，易于接受彼此。在这种情况下，思想政治教师应主动通过开展各种活动接近学生，让他们自觉地在各种实践活动中形成符合社会需要的思想观念，这样形成的思想观念比空口说教更有效。

2. 思政教师需培养自身的人格魅力

随着社会的进步，知识也在不断更新[1]，使得传统意义上的教师权威受到挑战，思想政治教师的知识储备如果不足，会导致失去教育的权威性以及学生的信任感。此外，思想政治教师不仅应该提升个人的能力素质，还应该提升个人魅力，拥有良好的个人品质。教育者是教育实践的指导者，榜样的示范力量会使教育者像一块磁铁吸引着受教育者，从而引导他们的言行，所以教育工作者要时刻重视自我教育的作用。教育者的道德素质和个人能力应该符合受教育者的期望。否则，教育效果将大大降低。

3. 思政教师要全面提升自身修养

教育者要具有良好的个性品质和美好的外在形象。若教育者对待学生做到真诚、热情、通情达理、善解人意，外在做到仪态大方、行为举止得体，那么学生自然愿意与教育者交往交流。这时教育者再通过交流给予学生思想启发，丰富其情感，满足其心理需求，教育效果肯定大大提升。除此之外，教育者在开展教育的同时要多渠道接收学生的反馈，根据反馈改进自身不足，不断完善自我，促进教育方式方法和教育内容与时俱进，实现教育者与大学生的心理相容。

4. 高校思政教师和学生之间要建立平等关系

在开展思想政治教育工作的过程中，教育者要放下高高在上的思想政治教师形象，以朋友、亲人的身份出现在大学生面前。当高校大学生和高校教师双方保持一种平等和谐的关系时，大学生才会感到轻松愉悦，没有心理压力，乐于与思想政治教师坦诚地沟通交流，说出心里话。在生活上，教育者要像亲人、长辈一样主动关心大学生，让他们在充满爱意的家庭中成长，使其对教育者产生心理信赖感。在学习上，教育者不仅是思想

---

① 引自 2019 年 3 月习近平在《学校思想政治理论课教师座谈》上的讲话

政治教师，还是学生的朋友，要主动帮助大学生，做一个真诚的倾听者，适时给予学生正确的指导，让他们产生心理依赖感，化解学生的对立情绪和逆反心理。

5. 在第二课堂中发挥学生的主观能动性

对于思想政治教育工作来说，实践活动是其第二课堂，教育者应该有意识地广泛开展实践活动，并且积极参与到其中。通过实践活动，使学生能够领悟理论知识，对实际的问题进行探索，并且加以解决，同时实现自我价值，还能将学生探索真理的欲望激发出来，发挥其主观能动性，使学生积极投入学习，补足自身的短板，全面健康地发展。教育者可以与大学生一起策划、一起讨论，确保实践活动的可行性、安全性、实用性，做到与学生同思、同做、同苦、同乐，形成一个轻松愉悦的教育教学氛围。教育者要让学生放下防备心理，增加与大学生的双向交流互动，潜移默化地传播正能量，发挥自身榜样作用，成为学生成长历程中的带头人和引路人。

第三节　高校思想政治课程教育的内涵

一、高校思想政治课程教育的理论指导

（一）以学习贯彻党的十九大精神为原则

高校应以十九大精神以及习近平总书记在新时期的讲话作为思想政治教育的指导原则，并以理想信念教育为思想政治教育核心，不断深化和改革高校思想政治教育，使学生通过思想政治教育学习，可以激发出无穷的政治活力，促进思想政治教育工作者进一步解放思想，不断完善教育体制，以此提升高校思想政治教育质量和效率。

（二）以实现中华民族伟大复兴的使命为指引

我国作为拥有文化历史的国家，在不同时期都有过辉煌的成就。进入

新时期，高校思想政治教育应以实现中华民族伟大复兴的使命为指引，加强高校学生的政治意识、学术意识，以此培养出高质量的综合型人才，从而为实现中华民族伟大复兴做出积极的贡献。

（三）以客观认知重要特色和国际形势为理念

在新时期全球经济一体化已经成为主要的发展趋势，我国为增强社会主义制度的优越性以及综合国力，必须重视高校学生政治意识、综合素养的培养，才能有效提升我国国际竞争力。

因此，在高校思想政治教育中，以客观认知重要特色和国际形势作为思想政治教育的理论指导与发展理念，充分体现我国高校与时代发展同步的超前意识，使我国高校学生的政治思想与行为意识都能关注国家的发展动态，为国家发展贡献自己的力量。

（四）以高校师生思想意识的发展变化为目标

高校思想政治教师担负起对高校大学生进行思想政治教育的重任，努力提升自身政治素养，结合我国社会主义发展目标，根据学生的学习能力、认知水平以及实际生活和社会环境，从思想和行为上影响高校学生，并以自身的政治素养构建文明核心的政治环境，力求让学生在学习和生活上，都能以良好的政治素养严格要求自己。

二、高校思想政治课程教育的特征

（一）客观性与主观性统一

思想政治教育教学是客观内容与主观形式的辩证统一，它是对思想政治教育教学实践活动中的各种现象之间的关系，以及教学的特性、教学的本质的一般概念的概括和反映。思想政治理论课教学的客观性与主观性的统一体现在两个方面：一是内容来源是客观的，一点也不能离开客观实在性；二是从形式上来说是主观的，它是内容这一客观存在的反映形式，人们通过自身的主观能动性，对教学实践的具体内容进行能动的思考，对其进行能动的反映和改造。假使没有通过意识和思维对教学实践的客观内容进行主观创造，也就无法在思想政治教育教学实践活动中实现客观性和主观性的统一。

思想政治教育教学的客观性是指其教学内容来自这门课程所研究的特殊领域的教学实践，包括具体的高校思政课堂教学和实践教学，且其所固有的本质和规律性是不以教育者的主观意志为转移的客观实在。思想、知识、行为，思想政治教师与学生，理论教学、实践教学、管理教学，理论灌输与情感共鸣等都是这一范畴的内容，它们都从属于意识层面，但其都不是由主观意念自主产生的。思政课程体系的构建都是从实践中产生，是教学实践的结果，是对实践的科学分析和抽象，所以它不同于不以人们意志为转移的、独立于人们意识之外的客观实在性的物质的客观性。思想政治教育教学是对教学实践活动的本质和规律的反映。因此，从其范畴内容的来源和它建构的过程、趋势等来看，它都具有客观性。

研究理论问题时，我们需要充分调动人的主观能动性，人们的主观性将思想政治理论课教学的研究领域中产生的具有客观实在性的原材料进行加工制作，从而才形成了这一特征，这种加工制作就是通过人脑对客观实在进行理论思维的创造活动，使其在表现形式上具有主观性。

（二）整体性与教育教学的层次性统一

思想政治教育教学是维护好发展好党的意识形态工作的重要组成部分，也是提高人民思想道德素质的重要手段。思想政治教育教学是本学科理论体系中的基础，而理论是人们在实践的基础上对事物的认识由感性上升到理性而形成的具有前瞻性的教育内容，其本身对教学实践活动就具有导向指引作用。由于思想政治教育自身具有的阶级性特征，必然有一个价值指向。导向指引性主要是针对两方面而言。

一是对大学生的个人发展和如何在社会实践中发挥自身作用起到导向指引作用，包括引导高校大学生的思想观念、精神境界朝着全面发展的发展方向提升，增强学生的精神力量，在实际的教学中促进社会主义核心价值观同学生自身的思想观念和政治观点相融合，积极引导和帮助学生自觉接受并且树立社会主义核心价值观，引导高校大学生为实现伟大复兴的中国梦而努力等。

二是为教学实践活动提供一个客观的标准，对思想政治教育教学的改革发展方向起到指引作用，促进教学理论的创新与发展。思想政治教育教学是在思想政治教师马克思主义的指导下对学生的价值选择和社会价值的取向产生导向指引作用，使其形成社会发展所需要的道德规范和思想素质。思想政治教育教学的导向指引是实现教学目标的关键，其既是促进社会和个人的全面发展的要求，也是马克思主义理论与时俱进和教育多样化发展的需要。

　　整体性在思想政治教育教学中首先体现在教学中的每一阶段和环节中，其次还体现在教学内容的整体性。思想政治教育教学是向学生传授马克思主义理论知识，在教学过程中，不应把认识某一具体知识的目的作为教学的第一要务，否则学生将无法掌握这一教学内容的思想，更无从谈起对知识、思想的转化。

　　思想政治教育是一门兼具系统性、完整性的课程，可将各种性质类型的教育教学因素整合到教学过程中，并能引导高校大学生把感性认识或零星观点转化成一个整体的思想政治素质，其教学最重要的一点就是要使学生对马克思主义理论的价值立场、观点等思想的认识转化为信念，因此在教学过程中一定要重视对整体性的把握，而对思想政治教育教学构建的体系理应体现整体性这一特征。思想政治范畴系统是一种思维形成的存在，有不同的要素、层次而构成的一个整体结构，其变化发展集中地体现了辩证逻辑整体的运动过程，在过程中不同的要素、层次之间，整体的层次、要素之间，整体与外部事物之间都有着各种联系。思想政治教育教学作为一个学科体系的重要组成部分，必然要求通过思维形式来系统反映其包含的要素、层次，使教育者和受教育者从中获益。思想政治教育教学体系是从本质上揭示了各个要素层次以及范畴之间的运动轨迹和规律。

　　思想政治教育教学的层次性表现在这一教学体系是一个教育教学的整体系统，其间必然具有教育教学的局部层次。思想政治教育教学体系的划分是依据逻辑思维的组织、推演及运行规律展开的，进而形成了由起点、中心、中项、成效和终点等范畴构成的这一具有逻辑性和科学性且合理有序的范畴体系。高校思想政治教育教学是围绕中心范畴，然后从起点范畴开始，经过中项范畴、成效范畴最后到达终点范畴的动态运动和发展变化的过程。这个过程动态简洁地揭示了高校思想政治教育教学体系中不同要素和层次之间的内在联系及运动变化的本质规律。思想政治教育教学的整体属性决定只有体系完整、各要素层次分明、合理有序地联系在一起，才能科学地反映思想政治教育教学的本质规律。正是由于高校思想政治教育教学的整体性特征，其结构与层次之间彼此关联、相互作用：一是指系统与要素环节具有稳定的关联性，即其范畴体系中的各个具体范畴均有固定的位置和作用等；二是指层次与层次之间具有关联性，即指这一教学内的每一逻辑层次之间都是彼此相连的，具有逻辑规律的关系。正是由于这种系统与要素、层次与层次之间的关联性，使得这一教学体系的结构成形，并具有稳定性。关系是结构得以存在的前提，也是构成系统的基础，而只有系统内要素间得以稳定才能形成彼此之间稳定的关系，任何事物的整体性质都是每一部分之间相互依存又相互制约的关系来体现的。

在思想政治教育教学体系中整体与任一层次、层次与层次之间都有着相互制约与依存的关系。思想政治教育教学不仅具有导向指引下的整体性特征，而且还具有教育教学过程中的层次性特征，从而能够把这一系列的动态联结为合理有序、层次结构分明的有机统一整体，从而就构成体系。综上，思想政治教育教学具有导向指引下的整体性和教育教学的层次性的特征。

（三）绝对的科学性与相对的利益性统一

思想政治教育教学通过教学实践活动使学生形成社会所需要的思想政治道德，培养学生全面发展的综合能力。马克思指出无产阶级社会中，就是要让社会成员的能力得到充分的发挥，而思想政治教育就是遵循着这一观念展开其教学活动的，以期通过教学将学生的观念得到最大化的提升。社会的发展及其实践活动都需要理论的指导，理论是发展的动力，缺乏理论指导的实践都是无意识、盲目的，都是无法前进发展的，社会的发展改革只有在科学的理论指导下才能得以实现。思想政治教育教学实践活动以马克思主义理论为基础，向学生传授其价值体系、立场、观点等，其教学就是在马克思主义理论的指导下建构的，它导引思想政治教育教学发展规律的探索。这一教学的科学性还体现在其自身具有的客观实在性和规律性，即其反映的是思想政治理论课教学特殊研究领域——思想政治理论课教学实践活动的特殊矛盾运动及其本质规律。在任何历史时期和政治体制下，普遍性都是思想政治教育教学实践活动的特殊矛盾运动及其本质规律的一个基本特征。所以，客观性和科学性就构成了思想政治教育教学内容基本特点。任何历史时期和任一体制下的意识形态教育，基本都客观地反映了其内在的本质和固有的规律。它的科学性是绝对的，这一教学实践在一定的具体条件下具有相对不变性，保持其相对稳定性。列宁认为，辩证唯物主义强调的是要承认真理的客观性和绝对性，且真理是正确揭露客观物质的本质和规律的，因此，承认这一教学的客观性就是承认了它具有绝对性。

而思想政治教育的利益性指根源于其本身具有的阶级性和意识形态性。其具体达成目标和服务的对象是由统治阶级的阶级性质和立场决定的。

一是思想政治教育教学在这门课程教学实践的基础上，既包括对原有教学内容的修正，也包括在现有的基础上更新内容，任何事物的产生都摆脱不了现实的因素，思政教学基本范畴也不例外，这一理论体系的构建会被当时的实践所影响，其结构体系是对当前教学实践的总结、归纳和抽象，它的建构被许多条件限制，其不能对未来的教学实践进行完全准确的判断，故当前的范畴反映的内容是相对的，并不是绝对的。

二是正如辩证唯物主义观点强调的那样，事物在实践中是矛盾的状态，是不断变化发展的，会呈现相互对立、相互依存的状态，并能够辩证转化，此时对立、彼时统一，这也是事物的一个过渡性和相对性特征。而思想政治教育教学的相对性就是对其教学实践中的基本矛盾运动及转化的反映。因此，思想政治理论课教学之间是能够辩证转化的，具有相对性。

由此可见，思想政治教育教学是绝对性和相对性的统一。高校思想政治教育教学所具有的绝对的科学性不是完全独立存在的，而是通过相对的利益性变现出来。根据列宁的观点来看，如果我们只承认高校思想政治教育教学的绝对性，而否定高校思想政治教育教学的相对性，后果就是会致使我们思想的僵化。

（四）实践性与认识性统一

通过实践和认识的不断反复运动，人们在对从教学实践过程中得到的原材料运用头脑的主观的理论思维形成最初认识，在最初认识的基础上进行反复推敲，分析研究，总结归纳教学实践的内在的、本质的特征和现象，进而对这些现象的普遍联系进行分析研究，得到各种现象的内在联系和共同本质，从而形成思想政治教育教学的实践性特征。其实践性表现在两个方面：首先，源于思想政治理论课教学实践并服务于思想政治理论课教学实践。其次，这一特征对培养大学生正确的马克思主义价值立场、方法、观点等具体的、现实的教学实践活动具有指导作用，是影响教学目的和教学效果达成的重要因素。

高校思想政治教育教学在本质上是思想政治教师与学生之间不断实践，不断提高认识，并用认识指导实践并得出新的认识。老师的教与学生的学就是构成这一特殊教学实践的统一结合体，从而作为反映教学基本概念的教学体系范畴具有实践与认识的统一性。综上，教学的根本属性就是实践，其从实践中得出，也反作用于实践，为实践做指导。基于思想政治理论课教学实践活动而展开分析研究，构建思想政治教育教学体系也是实践和认识的统一体，具有实践和认识的统一性特征。

思想政治教育教学是教学实践与理性认识活动的产物。思想政治教育教学的实践活动形式越多样、内容越丰富、层次越深入，揭示其各种现象的内部的、本质的联系就更深入，从而形成更深刻、更精确、更科学的体系。

三、高校思想政治课程教育与其他学科的内在联系

（一）与教育学的联系

教学活动是教育学体系的关键要素之一，教学活动包括课程内容的总体设计，课程活动的主体与客体，以及教学目标、教学手段、教学达成效果等部分。教学活动将德育与智育相统一，将教学触角伸出高校思政课堂，走出校园，深入社会。因此可以说教学活动的整个活动流程与教育学中对于教学活动的研究是不谋而合的，因此要将教育学中关于教育规律和教育活动的基本原理借来参考和借鉴，从而构建出优质、高水平的思想政治教育教学体系。

教育学为思政教育如何组建课程活动、开展实践活动提供客观依据，并从思想政治教师角度入手揭示思想政治教师如何规范地实施教学，学生如何高效地参与到教学活动当中，以为有效进行教学打造一套可遵从的规范，还要必须注意保持和教育学研究的核心内容相一致。要从教育学中的关注点，即通过德育来探讨内容、原则、方法和评价的确定。思想政治教

育教学中开展的形式多样的教学活动，在具体过程中引导高校大学生将课本理论与实际相结合，达到实践育人的目的，这一点也是与教育学中关于教学方式的论述融会贯通的地方。

（二）与心理学的联系

掌握心理学在教育中对人的影响过程是思想政治教育教学体系进行构建的基本点，这表明必须从根源上探讨如何通过构建教学体系使学生在教学过程中达到所要求的思想政治品德，这一教学过程也可以反映出个体内心活动的变化和心理的起伏。在思想政治教育过程中，心理学的相关理论和方法能将学生思想品德形成过程的心理活动展现得淋漓尽致，深入挖掘如何构建切实可行的教学过程，可以揭示学生在教学活动中个体本身知、情、意、信、行等方面的心理变化。在分析研究这一过程的基础上，抓住内部规律，构建适应学生心理特点的思想政治教育体系。除了发现学生在教学实践过程中思想品德形成的心理规律外，在这一过程中心理学中需要动机和意识的形成等相关论，也为思想政治教育的研究寻找了新的切入点，使构建的思政课教学具有全面性与广泛性，经得住各门学科的检验。

（三）与社会学的联系

首先，在高校思想政治理论课实践教学活动当中，在校大学生通过走进社会生活接受思想熏陶和教育，有利于大学生社会化发展。思政课实践教学的育人作用最直观的体现就在于大学生在实践教学过程中的社会化，这正好是社会学的主要研究对象。

其次，当代大学生投入社会实践，亲身参与到实践教学活动当中，一方面提前熟知社会规则，掌握一定的社会技能与社会规范，另一方面通过与社会相关行业人士的交流，进行一定的社会角色感悟，对社会的认知进一步加深，提前体验社会生活，这为以后走进社会打好基础。可以说，这是大学生真正踏入社会生活的演练，在一定程度上为大学生尽快适应社会生活增加积累。

此外，社会学涉及社会生活的多个方面，包括多个领域，它研究的诸多问题如社区文化、社会整合等都对构建高校思想政治教育具有重要的参考价值。

第二章　高校思政课程教学理论基础

本章为高校思政课程教学的理论基础，主要说明高校思政课程的教育功能、教学目标、教学过程中的问题和方法，以及高校思政课程教育机制的探索和创新。目的是进一步说明高校思政课程建设的重大意义，并在一定程度上体现近些年来高校思政课程教育过程中出现的问题。

第一节　高校思政课程教学功能

高校思政课程的教育功能表现为它对中国特色社会主义思想政治教育教学实践活动的保障功能，还体现在思想政治教育教学实践中的方法功能，同时，它对培育大学生马克思主义价值观点、立场、方法，形成社会主义核心价值观，对践行中国理想信念、价值、精神的入脑入心的教学活动有建构功能。

（一）保障功能

高校思想政治教育教学对培养大学生树立中国特色社会主义理想信念、掌握应用马克思主义的价值立场、观点、树立坚定的马克思主义信仰等教学实践活动的顺利开展具有重要的保障功能。

1. 师生顺利高效完成思政课程任务

高校思想政治课程最重要的功能之一就是保障高校大学生和高校教师顺利高效完成思政课的教学和学习任务。它能够使思想政治教师更加深刻地掌握这项教学实践活动的本质和规律，能够帮助学生更好地掌握学习内容，从而取得良好的学习效果。

但是，要想实现高校思想政治的教育功能，我们首先要加强对思政课教学基本范畴的研究。也就是说，思政课教学基本范畴是实现思想政治教学保障功能的重要前提。思政课教学基本范畴本身是思政课教学领域中经过科学抽象和高度概括后的概念。人们通过对思政课教学的基本范畴展开研究，树立正确的、科学的范畴体系，能对教学实践活动有更深层次的认识，有助于揭示研究对象的本质和规律，对师生顺利高效完成教学任务有重要的保障作用。下面论述思政课教学基本范畴对实现高校思想政治课程保障功能的具体体现。

思政课教学基本范畴是思想政治理论课教学理论本质和规律的手段与工具，它包含着已有的学科教学理论知识。通过思想政治教育教学的推演、概念的移植等方法，对教学领域的种种关系产生新的认识，归纳总结出思想政治教育教学过程中的新特性和关系，进而架构出新的范畴，由此产生出新的理论。思政教育教学基本理论框架的发展创新是基于范畴的产生和形成，而思政教育教学的产生和转化会对其教学理论产生新的变化。通过不断的研究和发展创新，研究者对思想政治教育教学领域内的现象有一个新的认识，包括特性、关系，甚至是范畴的基本内容等等都会有不同的认识。

通过对教学范畴不断深入研究，教育者能对教学中的各种现象的认识从感性上升到理论层面，为思想政治教育教学实践活动指明方向，确保高校大学生和高校教师顺利高效完成教学和学习任务。

2. 为大学生树立积极正确的理想信念

通过思想政治理论课教学可以使学生完整地、准确地理解马克思主义的科学理论，同时也可以避免或减少某些学生用个别结论、现象代替或否定马克思主义的价值立场等。通过思想政治教育教学，思想政治教师用科学的方法向学生讲授思想政治理论这一科学的内容，可以加强高校大学生对科学世界观和方法论的掌握，提高其在实践中运用马克思主义解决实际问题的能力。例如在思修课第一章的内容就是要引导高校大学生树立正确的理想信念。

并且，在思想政治教学实践过程中，教育者通过对该过程中出现的种种现象、疑难问题进行分析和阐释，更好地把握思想政治教育的科学理论和实践方法，从而有效保障大学生树立正确的政治信仰和理想信念。

3. 提高大学生的思想政治觉悟

思想是行为的先导，思想境界的高低能够直接影响一个人的行为。高校学生之所以需要以各种方式加强思想政治教育，就是因为他们的思想认识不够深入，对党和国家的方针政策不够熟悉，对学校的严格要求不能理解，经常做出与社会和学校要求不相符合的行为。其中，提高学生思想觉悟是高校思政工作的首要内容。这里的思想觉悟包含学生对思想政治教育和对自身发展两个方面。而当前高校思想政治教育对大学生的思想问题已有足够的重视，并通过课程改革、教学优化来体现思想政治课程的思想引领功能，同时高校思政教育工作者积极吸取教学经验，根据学生的特点和实际诉求优化教学环境和策略，给学生良好的熏陶，从而有效提升了大学生的思想政治觉悟，帮助学生树立正确的政治信仰。

（二）构建功能

1. 完善高校教学体系

思想政治教育是指在阶级产生以来的一切社会中，一定阶级、政党、组织用自己的思想意识或思想理论影响和教育人的社会实践活动，是指以对社会或社会群体中的成员施加具有组织、口标和规划的影响为目的，以其自身的理想信仰和价值观念为基础来进行的潜移默化的教育活动。并促使群体中的成员主动接受这种影响，进而促进形成符合社会和阶级需要的思想品德的实践活动。而大学生是社会发展的中坚力量，他们的思想意识、价值观念在一定程度上影响着社会未来的发展，高校有必要加强对大学生思想观念的教育和指导，以实现为社会输送高素质人才的重要目标。因此，思想政治课程是高校教育体系的重要组成部分，在高等教育发展过程中具有重要的地位。正因为高校思想政治课程的建设，才促进了高等教育体系的完善，才能保证大学生全面发展，同时为社会主义建设事业贡献力量。

2. 弘扬社会主义核心价值观

社会主义核心价值观作为时代的产物，属于意识形态方面的成果，是社会意识形态的本质体现，决定了社会意识的方向与性质，指明了当今社会的价值取向，是我们在日常生活中的社会共同体需要共同遵守的行为准则，是构筑社会共同体的思想基础和精髓。社会主义核心价值观是具备最大道德公约数和价值认同感的价值观，它构成了全国人民共同精神家园的核心与基础，它既有中国人民世代梦想与追求的生活境界与社会环境，又有中国传统文化的道德底线与人格要求，还充分吸收了人类社会创造的文明成果，是中国特色社会主义事业和中华民族伟大复兴中国梦在价值观上的具体化表述。

当前，随着经济全球化的发展和改革开放的深入，高等教育面临严峻的考研，特别是意识形态领域呈现出多元化的特点，也在不同程度上影响着大学生群体思想意识以及核心价值观的养成。在新时代，立德树人是高校的根本任务，在落实根本任务的过程中，非常重要的路径就是把社会主义核心价值观融入高校思想政治工作，以此作为推进立德树人的实践与载体。大学生自身思想和执行力十分活跃，正处于培养社会主义核心价值观的重要时期，无论是对学生个体发展，还是对国家、社会和学校的人才培养工作都具有重要的现实意义。高等学校引人以大道，高等教育启人以大智，作为第一课堂，高校思政教学课堂是培育学生社会主义核心价值观的主要阵地，也是发挥社会主义核心价值观导向作用的重要场所。在思政教学工作中重视社会主义核心价值观的培育和践行，推进思政课程向课程思政转变，各类课程与思政同向同行，切实将课堂作为培育和践行社会主义核心价值观的主要渠道，有利于建立完善的思政教育体系，将社会主义核心价值观的内容和内涵潜移默化、根深蒂固地融入学生思想与行为中。

而学生自觉树立社会主义核心价值观的成熟度与对思想政治教育教学展开研究的广度和深度息息相关，这一研究直接影响其理论体系的构建。学生对马克思主义理论的认知和认可度越高，其对社会主义核心价值观的认知也就越高，那么价值观的培育和弘扬工作的完成度也就越高。随着思想政治教育教学改革的不断推进，其教学实践活动的形式和内容越来越多元化，教学的针对性和实效性的要求不断提高，在体系中的位置和作用也会相应发生变化，高校思想政治教育教学理论体系会随着思想政治教育教学的变化和发展，不断变化和丰富，并向着更高层次和水平发展。思想政治教育教学的构建方式和教学理论体系的构建方式也是相互影响的。总而言之，高校思想政治课程对弘扬和培育大学生的社会主义核心价值观具有重要意义，对构建和完善高校育人体系具有重要价值。

3. 体现中华民族宝贵精神

思想政治教育教学对构建和完善中华民族宝贵精神具有重要价值。当代青年大学生正处于确立政治信仰、构建正确人生观、价值观和世界观的重要阶段，也是进一步提升个人道德品质和思想境界的关键时期，在这方面，高校思想政治课程有着举足轻重的作用。高校思想政治课程以其教学内容为载体，呈现了宝贵的中华民族精神和品质。比如，现阶段，将红色文化与思想政治教学相融合，是高校思政课程建设发展的主要方向和途径。红色文化是广大人民群众在中国共产党领导下，在实现中华民族的解放与自由的历史进程中和新中国社会主义三大改造时期，整合、重组、吸收、优化古今中外的先进文化成果基础上，以马克思列宁主义的科学理论为指导而生成的革命文化。红色文化作为一种重要资源，包括物质和非物质文化两个方面。其中，物质资源表现为遗物、遗址等革命历史遗存与纪念场所；非物质资源表现为包括井冈山精神、长征精神、延安精神等红色革命精神。学生在对红色文化学习和剖析的过程中，必定能够体会到实事求是、开拓创新、坚韧不拔等宝贵的中华民族精神品质，从而对大学生价值观念的构建产生积极的影响。

（三）方法功能

思想政治理论课是一门对学生传授具体的科学知识的课程，其教学范畴在本质上是体现对教学过程的方法论指导。思想政治教育教学的方法功能主要包括三个层面：首先是思维中的概念辩证法和对客观世界认知方法，有助于解决大学生成长过程中的各种思想困惑；其次是思维的工具和认知客观世界的中介手段和体现思维的各个环节，有助于促进大学生的全面发展；最后是对现实对象的本质规律和内在关系的摹写和规范，能激发思维的超越，有助于建设高校社会主义精神文明素质基础工程。

1. 为成长中的大学生答疑解惑

高校思想政治理论课作为高校思想政治工作的主渠道和主阵地，与学生密切相关，承担着微观层面的解惑工作。思想政治理论课是以思想政治教育教学为研究对象的，其是总结和概括这一教学领域内的最本质、最基本的特点和规律，首先就突出体现在其能为大学生在其成长过程中遇到的各种思想困惑时，提供方法指导。思想政治教育教学不是简单的对学生进正面灌输和传播思想理论知识的过程，重点是要在学生的成长成才过程中给予一个正向的引导和解决疑难问题技能的培养，后一部分实际上就是对学生成长过程中遇到的难题困惑给予解答的一个过程。思想政治教育教学的特点决定解惑这一方法功能的重要性。

大学生正处于成长成才的重要时期，其思想价值观念处于成形阶段，其学习、生活、社会实践都会给大学生带来各种各样的困惑，甚至影视作品、社会热点等也会成为影响学生思想情绪的重要来源和途径。只有对学生产生的种种困惑给予积极引导和及时解答，才能真正提高教学的实效性和针对性。思想政治教育教学是逻辑的辩证思维，面对来自各方面的疑难问题和困惑，其要求要及时、科学地解答学生产生的困惑，要引导高校大学生坦然面对问题，要对问题进行全面的把握。要正确面对问题和困惑，它的产生有助于促进学生积极思考，也有助于促进教学工作的改革发展。

思想政治教育教学过程中除了对理论知识进行正面传授，更要重视在传授过程中时刻解答学生在领悟理论知识的过程中产生的困惑，这有助于学生在更深层面认识和把握理论知识，也有助于增强教学中的问题意识引导和提高教学的实效性针对性。所以说，高校思想政治课程能够帮助解决大学生成长过程中各种思想困惑，并以此为契机，促进学生思想进步和健康成长。

2. 促进大学生的全面发展

大学生的全面发展首要是其思想的发展，只有思想观念是正确的，才能给予学生本人在其他方面以正确的引导。学生对世界的认识总是经历辩证的认识运动，只有对世界有一个科学、正确的认识，其发展方向才不会偏离。思想政治教育教学是具体与抽象的结合，以客观生动的内容为研究对象，对树立学生正确的思想观念、提升学生的思维能力具有重要作用，并以此为契机，促进大学生的全面发展。

第二节 高校思政课程教学目标

高校教育是培养人才的重要基础，学校和思想政治教师必须明确规定高等教育的目标，充分认识到加强和改进大学生思想政治教育的重要性和迫切性，并努力完成教育、引导大学生的任务。

一、树立大学生正确价值观

思想政治教育最重要的是改变学生心中最基础的观念，树立正确的三观，让其从心底配合教育，接受教育的指正和影响，让学生真切地、深刻地感受到中国共产党和祖国人民对青年抱有的深切期望，让他们明白中国社会主义现代化事业的完成需要的就是新青年的奉献，只有新时代的青年学生去不懈奋斗、不懈努力、不懈超越自己，中华民族的伟大复兴才有可能实现。将热血和青春挥洒在为祖国繁荣昌盛和同胞们的美好生活而奋斗的事业中，是青春最绚丽的挥霍方式。

二、提升大学生民族自豪感

要加强对高校大学生的爱国主义教育，增强他们的民族自豪感、民族认同感、民族自尊心。大学生要以报效祖国为荣，伤害祖国利益为耻，忠诚报效祖国，为祖国社会主义事业的建设增砖添瓦。爱国主义主要体现在三个方面，即爱国情怀、爱国思想、爱国行动，要将爱国主义教育与四项基本原则教育配合进行，引导大学生将爱国二字彻底理解并融入日常生活的每一个决策中，积极宣传贯彻爱国主义精神，为实现伟大中国梦的终极目标而努力奋斗。

三、促进大学生全面发展

大学生思想政治教育的前提是大学生在学习的过程中保持身心健康，高校思政教师要根据新课程方案不断改进和调整思想道德教育课程的内容，坚持以马列主义、毛泽东思想、中国特色社会主义理论体系为指导，坚定党的教育方针，与时俱进、解放思想，以帮助高校学生树立正确的三观为基础，使学生了解党史国史、共产党的基本路线和基本理论，了解中国革命历程和改革开放以来的伟大成就，实现文化素质和思想道德素质的均衡发展。通过对比研究，可以认为我国高等学校教育的总体目标是培养学生热爱社会主义、热爱祖国，拥护党的领导，热情奉献于中国特色社会主义建设；树立正确的三观，培养吃苦耐劳的奋斗精神；加强使命感和责任感的培养，为中国特色社会主义事业建立培养具有高水平高素质和高尚人格的优秀建设者和接班人。

我国思想政治教育体系主要包括下面五个方面的目标。

（1）思想素质目标

大学生要认真学习马克思列宁主义、毛泽东思想、邓小平理论、"三个代表"重要思想、科学发展观、习近平新时代中国特色社会主义思想，明确辩证唯物主义的思想，树立正确的三观，在生活中不断锻炼自己，尝试运用马克思主义的方式进行思考和判断；培养集体至上的三观，批判享乐主义和拜金主义，明确个人利益要服从于国家利益的思想，对建设富强祖国充满信心和力量，为祖国燃烧才是青春最好的正途。

（2）道德素质目标

大学生要以集体利益为最高荣誉，个人利益要服从集体利益，坚信团队合作的重要性和必要性；吃苦耐劳、勤俭节约，在生活学习工作中做到艰苦朴素，享乐在后；遵守法律，热爱国家，懂礼貌，讲诚信，为人团结友善；积极进取，思想要具有正能量，用乐观豁达的心态面对生活，对于事业和学习要充满干劲，秉持着严肃认真的态度，能听进各方的意见和建议，从批评中吸取精华，努力完善自己的道德修养。

（3）政治素质目标

大学生对于我国的国史和国情要了然于胸，对于我国传统文化的优秀之处要加以继承和发扬，不忘初心，坚持中国共产党的领导，继承先辈的革命斗争精神和优良传统，坚决维护祖国统一和民族团结，将祖国的利益和荣誉放在首位。具有献身祖国、服务人民的思想觉悟，坚定拥护党的领导和国家的政策方针，做忠诚的爱国主义者。

（4）法纪素质目标

大学生要致力于弘扬全民民主法治的风气，自发学习我国宪法，能够做到正确行使公民权利，维护公民利益，履行公民义务。要从根本上培养大学生的法律意识，教导学生做到自我约束、自我管理，能够运用法律武器做出正确的判断和决策。大学生要在内遵守校规校纪，在外遵守社会公德和法律法规，自觉维护学校和社会的正常公共秩序，深刻领悟法治社会的建成需要每个人来努力。要让法治变为信仰融入大学生的思想道德教育中去，才能让思想转化为实际行动，让法纪素质教育贯穿始终。

（5）心理素质目标

心理素质是一个人心理过程和心理特征的体现，是衡量每个人在情感、意志、性格、行为等方面的综合标准体系。要培养大学生形成坚强、自爱的性格，增强他们的抗打击和抗压能力，使其具有比较好的自我调节能力，拥有良好的心态，这将有利于大学生未来的工作、事业、婚姻、家庭等，保证他们在遇到挫折时可以不丧失勇气和信心，不断努力去改善困境，从而拥有美好的人生。

第三节　高校思政课程教学的问题和方法

一、高校思政课程教学面临的问题和挑战

（一）高校思想政治教育教学滞后

教育改革、教育创新一直是教育工作者的职责和使命。在我国经济发展新常态、中国特色社会主义进入新时代的今天，思想政治教学中的很多问题也逐渐显现。不只是时代与外部发展变革给思想政治教学带来新的挑

战，思想政治教学自身也存在一些矛盾。只有矛盾凸显，问题暴露，在问题的解决中我们才能实现新的完善和进步。

1. 教育模式落后于时代发展

习近平总书记关于意识形态工作的重要论述是在不断总结我国历届领导集体关于意识形态重要论述的基础上，结合我国实际国情与时代背景的新时代思想产物，充分体现了极具时代特色的创新性和与时俱进的特征。这样的时代性特征于高校而言应体现在教育模式与时俱进。一方面，习近平总书记关于意识形态工作的重要论述表明网络已经成为意识形态斗争的重要战场。大学生作为互联网时代电子产品的追随者，必然会受到网络信息的干扰和迷惑。在这样的现实背景下，已有不少高校根据时代的要求，建立起网络思想政治教育平台，但仍然有部分高校疏于网络思想政治教育平台的建设和发展，甚至有部分高校并未感悟到网络教育的重要意义，也没能触及该领域，依旧保持传统的高校思政课堂讲授式教学模式，教育模式呈现老化，无法吸引学生注意力、激发出学生对思想政治相关内容的学习兴趣。对此高校应及时反映时代要求，改进其教学模式。另一方面，目前高校思想政治教育课程内容相对独立，思政教育模式还未健全，未能全方位将思想政治教育的相关理论渗透入高校教育教学过程当中。

2. 思想政治教学主体发生转变

我国思想政治教学的主体现今正处于一个变革的过程之中，尊师重道是我国教育的传统形式，从我国古代延续至今的传统观念决定了思想政治教师地位与学生地位的不平等性特点。在新时代的教育和社会新的要求促使下，我国逐步由教师主体向学生主体转变。思想政治教师如何开展教学，如何认识学生、对待学生？这都要体现学生的主体性原则。学生不仅仅应该是学习的受体，更应该作为发挥主观能动性的主体。在思想政治教学积极倡导以学生为主体的大背景下，各学校积极开发新的教学模式以改革取代旧的思想政治教师主导的教学模式。"翻转课堂""微课"教学、"慕课"教学等都得到积极的运用。这其中就存在一个"度"的疑难问题。思想政治教学内容的特性、教学科目的特点、学生年龄特点与学习能力等决定了应该使其有针对性地进行改进式发展，而不应该盲目仓促开展新的教学模式。

3. 高校大学生思想更丰富

当前高校大学生的思想意识和政治态度有一定的问题所在。

首先，大学生缺乏对思想政治科学理论的真实信仰。根据调查结果显示，大部分学生表示自己对高校思想政治课持积极主动的态度，但由于我国高校的教育体制以及国家选拔类考试大多倾向于应试教育，因而呈现出重智轻德的现象，学生所表现出来的对思想政治教育积极的学习态度，大多数是应付考试或修学分，并非发自内心地接受思想政治教育知识，也并非真正信仰马克思主义等思想政治相关科学理论，由于教学模式和教学方法单一枯燥，与实际联系不紧密，造成了学生对思想政治教育相关科学理论"不实用"的心理暗示。加之信仰对象多样以及家庭环境的影响，大学生甚至出现宗教信仰以及伪科学、封建迷信的思想行为。

其次，大学生缺失高层次的理想信念。不难发现，随着时代的发展，人们对于自身利益的追求更为迫切。这是特定历史条件下社会发展的必然结果。值得注意的是，高校大学生囿于思辨能力和知识储备所限，受社会环境的驱使，更多地将自身利益局限于个人的物质利益，将自身的发展游离于国家和民族利益之外，抛弃了对高尚理想信念的追求。大学生实现职业理想的目的是追求更好的自身利益和自身发展，这仅是低层次的自我理想，而并非为社会主义事业的建设贡献力量的伟大追求。

最后，大学生价值观存在偏差。当前，大学生受到西方的享乐主义、个人主义等负面思想以及在社会主义市场经济环境下产生的功利主义、利己主义等思想的影响，这些思想与我国所推崇优良传统精神形成对立。部分大学生受多元化价值观和思想的影响，出现了奢侈浪费、攀比心理等价值观问题，导致校园借贷惨剧屡发不止；也有部分学生作为学生干部官僚气息过重，思想腐化，为学生服务意识较弱。

4. 教学内容落后

习近平总书记关于意识形态工作的重要论述彰显时代化的特质。对于高校而言，时代化是思想政治教育的内在要求。高校向学生讲授的思想政治教育内容包括马克思主义理论以及马克思主义中国化的内容，这些内容是马克思主义理论在中国时代化背景下的产物，彰显了强烈的时代特性。然而，从教育实践来看，高校思想政治教育在内容上并未真正满足时代要求。尽管当前大多数的高校能够及时传达重大会议精神并及时更新思想政治教材内容，但仍然有部分高校忽视这一工作，导致思想政治教育内容依然是陈旧的理论，没有体现出时代化的特点，学生缺乏对国家新政策及会议精神的正确认识；高校思想政治教师应具有较强的政治敏锐性和觉悟性，将时政内容合理地融入课堂上，唤起学生的学习热情，提升思政教育效果。

5. 教学形式因循守旧

教学内容的切实贯彻、教学任务的完成总需要一定形式的高校思政课堂或者其他教学方法来实现。近年来学校教育开始注重以学生为主体，高校思政课堂的重心开始向学生交流谈论偏移。为激发学生学习动机，学校开始用一些奖品、积分等激发出学生积极的状态，期望以此来激励学生认真学习知识、提高能力。其中活动式教学法作为一个比较新的教学方式得到很多学校的推崇。但对于活动式教学也是需要注意"度"的疑难问题。活动是激发学生兴趣，培养学生独立动手实践完成任务的好方式，可是如果在高校思政课堂中滥用活动往往本末倒置，引起负面效果。比如在政治课程中，新教材中插入了法治方面大部分内容。对于这一教学内容，高校思政课堂开展活动往往采取一些新形式的情景剧与图片等。这显然不适用于普及严肃理性的法治知识、培养法治意识和观念。因此对于教学形式的转变中对于教学内容教学阶段的针对性问题还需进一步完善。关于用活动等新颖形式激发学生学习动机疑难问题也需要进一步探讨。

6. 思政课堂局限性过强

思想政治教学不同于其他学科的学习，它有明确的核心理念的教学内容倾向，是对某些思想内容的强化和灌输。因而很多高校思政课堂中经常会出现设计性过强，局限范围过窄的疑难问题。21 世纪不可遏制的全球化浪潮影响和改变了包括教育在内的人类生活的方方面面。我们越来越受到多元文化与知识的渗透，因此对于思想政治教学的生成性问题应该有一个更合理的态度。

（二）高校思政课程教学环境需要优化

1. 社会环境

从社会方面来看，一方面，改革开放的深入以及全球化趋势的不可逆转，致使众多西方资本主义所谓的自由、民主思想涌入我国，部分民众受其影响，言语和行为都表现出"国外月儿圆"的思想趋势。同时，改革开放的不断深入也造成了我国利益格局的嬗变。高校大学生的知识储备和思辨能力有限，受社会中西化思想的影响，对于西方的政治、文化和社会环境都充满了好奇和向往，表现出较为强烈的兴趣。除此之外，社会利益格局的变化也使得高校大学生的逐利性更强烈，大学生在三观还未健全的阶段受到如此大环境的影响，使其对思想政治教育的内容产生疑惑，呈现出理想信念模糊的状态，在很大程度上阻碍了高校思想政治教育的开展。另一方面，不良社会风气、道德失衡的现象和因素对思想政治教育提出了巨大挑战。随着社会的不断进步和发展，人们的思想也不断发生改变，社会各方面因素的改变导致人们的思想问题也日益凸显，给思想政治教育带来了巨大阻力。社会中的不良思想和行为，与高校所开展的思想政治教育内容形成鲜明的对比，高校大学生思想意识尚未成熟，这严重干扰了学生的认知，造成学生对于思想政治教育内容与现实情况的矛盾化心理，对思政教育内容和德育内容产生疑惑，给高校思想政治教育工作的开展严重设障。

2. 校园环境

从校园方面来看，在高校学生的学风以及学生工作的作风上存在影响思想政治教育的消极因素。近年来，大学生在学习中也表现了强烈的功利心，如部分高校学生为了获得评奖评优等荣誉称号，学术造假，给高校的学风造成了极大的负面影响。此外部分学生干部工作作风也受功利主义、个人主义以及社会环境、家庭环境的影响，出现趾高气扬的办事态度和缺乏服务意识的现象，丢失了作为党员和学生代表的理想信念，影响学生干部队伍整体建设，间接影响着高校思政教育工作的开展。

3. 家庭环境

从家庭方面来看，一方面，学生的家庭成员的错误的政治站位和思想意识会直接冲击到学生的思想，对高校思政教育工作的顺利推进提出考验。这对高校思政教育而言无疑是巨大的挑战。另一方面，家庭成员的一些非科学的行为也会对大学生的思想产生影响。如家庭成员定期参加或举办一些封建迷信、伪非科学活动，让学生产生思政学习内容和生活现实互相矛盾的困惑，极大地冲击着学生的思想，这也给高校思政教育造成影响。

（三）高校思政课程教学观念有待创新

观念作为行动的先导，在不同的时代背景下所体现出来的内容不尽相同。新时代背景下，高校教育工作者在教育过程中所表现出来的传统的教育观念，相较于当代热衷于追求新颖事物的年轻一代，显得格格不入。

1. 教师的教学观念需更新

大部分思想政治教师对于教学过程中的模式和方法依旧是保留着传统教育的老套观念，对于运用新媒体、网络教育等学生所热衷的时代化产物接受度相对较差，运用到教学过程中的成效微乎其微，无法将其物尽其用，充分发挥出教育的影响力。习近平总书记关于意识形态工作的重要论述所体现的科学观点和方法，是时代化背景下全党集体智慧的结晶，是在面对我国意识形态领域出现的新情况而做出的实事求是的正确思量和果断决策，正是因为内容充分体现了时代化元素，才能更具针对性地处理和应对我国意识形态的各种问题和挑战。同时，其关于人民性的论述也启示高校应注重创新以人为本教育理念。当前高校思想政治理论课大多以"百人大课"的形式开展，思想政治教师无法关注到学生的个体思想需求，降低了高校思政教育的实效。因此，高校思政教育者应多从时代化教育以及新一代大学生的思想行为特点入手，因材施教、实事求是地进行教学模式的创新思考。

2. 师生关系有待改善

部分思想政治教师依然保持传统高校大学生和高校教师关系的旧观念，未能随时代的发展建立起新型的平等高校大学生和高校教师关系，在教学过程中常以严肃的形象和话语威慑学生保持良好的高校思政课堂学习状态，学生有疑惑而不敢言，无法形成教育的良性互动。高校思想政治理论课内容本身枯燥，加之高校大学生和高校教师间互动交流太少，思想政治教育的亲和力和说服力得不到彰显，加深了学生对于思想政治教育枯燥刻板的印象。这也是影响思想政治教育成效的另一重要因素。

3. 应避免过度的形式主义

在思想政治课程构建过程中，大部分高校存在形式主义的问题，思想政治教师在教育过程中未能将思政知识内容有机地融入专业课程中，存在思想政治教育与其他专业课仍然是两个独立部分的昔日窘况。

（四）高校思政课程教学机制需进一步完善

1. 高校思想政治教育课程机制不完善

绝大部分大学生通过高校思政课堂接受思政知识，由此可见，高校思政理论课发挥了极大的教育影响。但根据调查结果显示，部分高校对于教材的更新和最新政策、最新会议精神传达不是很及时，这就造成了思想政治教育内容以及会议精神内容传达的延时。同时，思政课程存在形式主义，部分高校思想政治教育课程机制不完善，对课程思政的开展没有明确的制度规定。

2. 高校思政队伍考核机制不健全

完善思想政治教师工作内容和教育成效的考核机制，才能敦促其更好地开展教学和提升自身水平。目前，高校对于思想政治教师的考核重点依然是科研项目以及论文发表数量等学术方面的内容，而真正作为思想政治教师核心工作内容的育人成效考核以及自身思想素质、知识理论水平的考核却没有明确的制度规定。

3. 高校协同育人机制不完善

当前高校思政教育队伍的主要力量来自思政思想政治教师以及辅导员老师队伍，并未做到全员育人，协同育人机制流于形式而未能确切切实贯彻，高校教育教学与思政教育的衔接度和配合度不高，无法凸显出高校思想政治教育在高校育人工作的重要地位。

4. 思想政治教育网络化机制不健全

作为时代化背景下的新产物，网络以其便捷、迅速和高效的教育特点，成为思想政治教育的重要载体，不仅能够延长教学过程，同时增强了教学影响。但在运用和监管过程中缺乏相关机制。一方面，根据作者的了解，一半的大学生对于学校是否开设网络思想政治教育平台并不明确，可见高校思政教育对于网络的运用机制及管理机制并没有深入学生心中，网络思政教育平台形同虚设，对其的运用和管理流于形式，没有充分发挥其促进教育成效的作用，学生的认可度和接受度相对较弱；另一方面，习近平总书记关于意识形态工作重要论述中的网络论述强调了网络对意识形态工作和建设的重要性，对于高校思想政治教育而言更应该关注到网络的正负影响，在利用好网络的同时，也要注重完善高校网络防御机制和舆情预警机制。目前高校对于校园网络的监管也没有形成成套、合理且科学的监管机制，对于校园网络疏于管理。在2020年疫情防控期间，各类高校大规模地运用起网络教学平台进行线上教育，这次的疫情成为网络进入教育教学的助推器，但不难看出各级各类高校在面对疫情出现时将网络运用于教学的仓促和生疏，可见高校在日常当中并未建立健全网络化教学体制机制。

二、新时期高校思政课程教学方法的创新

（一）注意传统文化与思政教育的融合

民族精神是一个民族的魂，是建设中国特色社会主义的思想支柱。高校的任务除了传授高校学生相应的专业技术，还应教会学生如何做人，如何成为一名高尚的人。因此，传统文化的熏陶有利于大学生了解我国灿烂的文明，树立其文化自信，培养其民族自尊心。通过思政教育，学生了解到民族精神的内涵，对当前的社会现状、国际形势有更加明确的认识，从而更加坚定社会主义的信念，能够塑造正确的价值观，提升建设社会主义事业的积极性与责任意识。

将传统文化融入思政教育还有助于提高思政课的质量。高校思想政治教师通过革新教育观念，发挥传统文化的积极引导作用，有助于大学生的理解。同时，通过学习传统文化中的榜样人物，有助于高校大这生了解思政教育的核心内涵，从而提高自己的道德素养。

高校思政教育，还要让学生拥有更多的获得感。学生的"获得感"是指学生在教育教学过程中实现教育认知之后的主观体验，表达了学生对所学知识的一种心理状态。只有当高校思政教育课为高校学生带来了满意感，才是真正的成功。

（二）多元教学引导学生合理释放情绪

当前竞争压力空前，有的学生看到一些高校毕业生找不到理想的工

作,产生了厌学情绪。这种情绪会随着学业压力而越来越大,导致焦虑或抑郁的情绪,产生负面想法,这无疑会影响高校思政教育的效果。新时期,在高校思想政治教育中,教师必须加强和学生的交流互动,了解其精神状态及存在的情绪问题,对其问题如专业方向或学习成绩问题、竞争压力问题及时予以回复,而对学生的人际关系问题、生活问题、家庭问题也应随时关心,帮助解决。思政教育不应仅仅停留在思政教育本身,还应同其他学科诸如音乐、美术等共同发展。教师要培养学生的兴趣爱好,转移、缓解学生压力,同时培养学生的自信心,提升其审美能力,激发学生自我发展的意识,这对学生身心健康大有裨益。对于学生压力的调解,还应发动学生组织进行互帮互助。在学生的日常生活中,除学习外,学生在学校里最多的时间就是与同学间的交流,朋友之间可以交流情感,增进友谊,也可以缓解学业的压力,在互相帮助中提高学习成绩,提升个人素质。学生之间的互相帮助,可以增进学生之间的了解,相对于思想政治教师与学生之间的关系,同辈之间的交流可以更加紧密,更有助于传播积极的信号,一些平日里不方便交流的话题也可以更好地进行交流。因此,发挥同龄人优势,可以更好地化解矛盾,及时反馈学生存在的疑难问题,使思政教育达到更好的效果。

(三)搭建"一体三面式"教育框架

在新时期,高校必须树立与时俱进的教育理念,利用先进的教育技术和手段对思想政治教育赋能。教育工作者需对学生的思想成长轨迹和行为动机进行全面了解,令思想政治教育更具有实效性、时代性和开放性。基于既定的教育大纲与基本的教育需求,搭建层次分明的"一体三面式"的思想政治教育逻辑框架。在新时代背景下,高校思政教师应对思想政治教育的理论课程、实训课程、校外实践等进行科学合理的设置,将学校教育与社会教育以科学的理念和方法进行融合。在实践育人的过程中,能够使学生对社会和世界建立多维的审视视角,将自我价值实现与社会的发展紧密地结合在一起。高校思想政治教育的实效性建设,应切实回归价值理性,即培育出具有社会主义核心价值观的复合型人才。将高校思政教育与社会和现实生活进行有效的联结,构建一个可培养学生独立思考能力和辩证思想的育人空间。利用理论课程帮助学生形成良好的政治素养和态度;

基于实训课程强化学生的社会适应能力；在不同规模的校外实践活动中，思想政治教师多角度地观察和了解学生的责任意识，以及他们面对困境和挫折时所展出的态度和行为。思想政治教师利用"一体三面式"教育框架，使学生在知识素养、思维素养、政治素养等方面都可获得良好的培养。

（四）转变传统教学模式和体制

高校思政教育应改变传统的"灌输式"模式，把直接由思想政治教师讲课改为与学生互动相结合，变"说教型"为"参与型"。由于思政课教学内容理论化、抽象化，因此通过"灌输式"的教学很难产生良好的效果，这就需要高校首先要解决怎么教的问题。因此，应充分整合现有资源，针对不同类型的学生展开分层次教学，结合思政课需求，有目的地开展引导式教学。通过理论联系实际，将马克思主义理论和高校学生的生活与社会经历进行结合，争取体现思政课应有的功能。

此外，高校的思政考评制度也应有所改革，改变传统的以单一的期末考试为主的考评方式，向全方位、多维度测评发展。应开展个性化测评，变刚性要求为柔性要求，满足当前高校学生的需求。从做人抓起，从整体上提升当前高校学生的综合素质。

（五）加强与爱国主义教育的结合

习近平总书记指出，"爱国主义是我们民族精神的核心，是中华民族团结奋斗、自强不息的精神纽带。"[①] "爱国主义是我们民族精神的核心"。爱国主义对当代高校思想政治教育具有非常重要的指导意义。随着我国对外开放大门的打开，大量多元化的价值观相继涌入，西方自由主义思潮也随之而来，高校思想政治教育正遭受到前所未有的挑战。为此，强化爱国主义教育，培养民族自尊心、自信心，坚定共产主义思想，是抵御西方资本主义渗透的有力武器，对提升大学生辨别能力、自我约束能力，以及认清现实，增强自信心，避免悲观主义、消极情绪影响有十分重要的意义。

学校的爱国主义思想政治理论教学，是当代大学生形成民族精神的理论基础，对形成旗帜鲜明的民族精神具有指导作用。因此，围绕爱国主义

---

① 引自习近平在《纪念五四运动100周年大会》的讲话

理论应开展相应的时事政治学习、英雄事迹学习、革命历史学习，全面提升高校学生的精神文明素质。

（六）落实"互联网+"教学原则

学生的学习心理和学习动机，对最终的思想政治教育实效性建设的效果具有十分重要的影响。兴趣是学生建立积极学习心理和动机的驱动力，更是他们保持学习的一贯性和良好性的重要保证。新时期，强调全方位、全过程育人的同时，还要关注学生的差异性，了解学生的个性化学习需求。而且，高校思政教育的内容必须经过合理的选择和设计，要能够唤起学生的兴趣和积极性，促使学生全心全意地投入学习和实践的过程中。思想政治教师应将现代教育技术融入思想政治教育各个阶段，深度推进"互联网+教育"育人新模式。基于互联网平台，对传统教育空间进行延伸，设计可迎合学生认知和审美的思想政治教学课堂。思想政治教师的"教"须体现以生为本，学生的"学"应切实彰显知识获得的本质，即思想政治理论知识的讲解，不应停留在表面的熟知和记忆层面，应渗透到学生的思想中形成个人的积极理解。如思想政治教师立足于统一教材，从中提炼出可与现实对接的知识重点，在此基础上，构建"宽口径"的网络思政教育模式，引导全员深度地参与到理论教学和实践训练的各个教学活动中。思想政治教师可运用学生感兴趣的网络话题、网络用语与学生进行平等对话和思想交流，深挖他们的思想问题和政治立场，以此在线下高校思政课堂和社会活动中，更有针对性地对学生进行价值引领。思想政治教师应建立"用户至上"的服务理念，正确地定位自身的教育角色，不再进行"填鸭式"的理论灌输，而是通过创建可自由表达和开放互动的教育空间，使当代大学生逐渐具备良好的思辨能力和创新能力，并对国家发展历程和未来发展战略等给予充分的认可和支持。

（七）培养消费观念实现思政与生活的融合

近年来，我国人均收入稳步增长，可支配收入也日益增多。而青年人往往具有从众性消费的特点，他们容易被时代快速发展而产生的新事物所吸引，在与周围人的交往中，更倾向于通过与某一圈子里的人的一致性来获得认同感，存在着一种"别人有什么，我也要有什么"的思想，在这种趋同思想影响下的高校青年，思想会逐渐蜕化，存在着滑进享乐主义深渊的风险。故而在高校思想政治教育过程中，作为教育者，要时刻关注学生的消费观念和消费行为，注重对其消费观念的培养。在当前，我国存在着精神文明与物质文明协调失衡的现象，经济的飞速发展，带来了消费结构的变化。很多商家为了经济利益，向青年学生群体灌输炫耀型、超前型、攀比型、崇洋型的消费观念，鼓动高校学生消费甚至借贷消费，以满足其虚荣心。虽然超前消费有利于经济发展，但其本质上仍是非理性消费。为此，我们必须教会高校学生积极理财，正确对待金钱与消费。学生要坚持发扬勤俭节约的优良传统，懂得合理消费与非合理消费的区别，不能仅仅为了享受，图一时之快，要从长远来看，明确消费的目的性，懂得哪些是自己需要的。学生消费时，要考虑自己的收入，做到量入为出。要正确引导高校学生成为"成熟的消费者""理智的消费者"。

第四节　高校思政课程教学机制

新时期高校思想政治教学想要抓住时代机遇不断创新，需要多方面的相互协作。教育主体需要不断提升自身素质，提高自己的技术水平。另外，教育者要顺应新时期的时代特点，对高校思政课程教学机制进行改革和创新，这样才能给学生构建更好的学习环境。

一、顺应大数据潮流，完善人才建设机制

大数据的相关技术和运用需要具有专业理念和专业素养的技术型人才来胜任的，因此思想政治教育想要更好地运用大数据来提升思想政治教育效果就必须掌握专业技术。而以往的思想政治教育者只是在自己的专业领域具有丰富的理论知识和教学经验，在数据技术运用上有所欠缺。新时代我们更加需要复合型人才，不仅要具备专业的理论知识和教学经验，还要有深厚的技术功底。我国现阶段缺乏此类的专业人才队伍，想要提升大学生的思想政治教育质量，我们应当进行有针对性的人才培养，建立一支全

面发展的人才队伍。

（一）完善大数据硬件设备

大数据的应用逐渐广泛，在医疗、企业发展、教育中都得到运用，但我国高校在利用大数据技术开发和挖掘教育资源时缺乏技术和资金支持。因此，在建立专业的人才队伍前要加大政府投入，建立健全校园大数据的硬件设备，包括 GPU、内存与外存、通信等基础设备。只有在基础设施完备的基础上才能够开展各种数据收集和分析处理工作。

（二）优化师资队伍建设

掌握数据技术的专业人才在国内较为稀缺，而同时兼具思想政治教育理论功底的综合性人才更是为数不多。为实现良好的教育教学效果，又能保证学生的信息安全，需要这种专业化的人才。因此高校可以外聘部分专业素养较高的人才，不仅可以保障信息化教育教学的顺利进行，还可以对思想政治教育进行指导培训，提升思政教育者大数据素养。学生接受新鲜事物快，高校还可以广泛吸收优秀学生骨干，加强对优秀学生的大数据素养培训，使其更好的加入服务学生的队伍之中。大学生的加入会使学生数据收集工作更加便利，更容易了解和解决学生疑难问题，进而有利于拉近教育者与学生的距离，便于实现教育效果。

（三）加强大数据理论和技术的培训

不断学习是对教育者的根本要求，教育者只有不断地学习才能在碎片化的教学环境中保持学生的积极性和教学内容的吸引力。

大数据时代不仅需要专业知识过关的教育者，更需要具有综合素质的思想政治教师，其具备过硬的专业知识和数据分析处理的能力。组织专业技术人才对专职思想政治教师进行培训，首先改变的就是部分思想政治教师固化的教学理念，树立大数据思维，让数据理念入脑入心。其次就是加强数据技术培训，让教育者可以完整地收集和分析数据。只有教育者能够独立处理数据，并根据数据分析结果利用自己的专业能力发现和解决学生疑难问题，才能实现对教育者培训的真正意义。

二、设立舆情预警机制，关注大学生想法

时代的不断发展使得网络成为社会舆论的主要阵地，大学生会在网上关注社会热点并发表言论。设立大学生的舆情预警机制，可以更快地了解学生的思想变化，把握教育重点，更好地进行思想政治教育。大学生的舆情也分为不同的类型，有的是健康的舆情，有的是不利于大学生身心发展的舆情。健康的舆情我们可以从中挖掘一些教育资源，对大学生进行正面教育，而那些不良的舆情会干扰大学生的判断，不利于大学生正确价值观念的形成，这就需要设立舆情预警机制，对这种不良舆情要加以规范和控制。

（一）建立信息收集机制

大学生上网的时间在不断延长，在网上的痕迹也就越来越多，这些都能挖掘出大学生的思想行为变化。主要是通过对校内局域网的信息收集，例如校内网站、学校论坛等大学生的言论阵地，还可以通过对学生的微博、微信群、QQ 群等社交平台进行监测，收集学生动态。在保护学生隐私的前提下，对其进行监测收集和统计学生的所有言论信息，分析学生的思想变化是否受不良舆论影响。

（二）要建立舆情监测机制

除了对学生日常生活信息进行收集，了解学生的思想变化，还要对网络环境进行监测，对社会热点新闻和热点话题进行舆情监测，通过大数据技术分析舆论导向。创建预警机制有利于及时捕捉敏感话题和错误的思想言论，做到及时预警，以便及时提出应对措施和改变教育方向。

（三）建立舆情研判机制

舆情研判机制是预警机制重要环节，在掌握足够数据信息的基础上，对舆情进行判断和筛选，主要是对收集信息的筛选和提炼，将错误信息剔除。在舆情中找出正确且健康的舆论导向，引导大学生树立正确的三观。

三、创建学业考评机制，了解学生学习效果

学业考评是检验思想政治教育效果的一种手段，学业考评机制的设立正是对大学生思想状况和学习状况的一种考察，帮助教师了解学生的接受情况。传统的思想政治教育大部分都是靠教育者的直观经验得出学生的学习和生活状况，给出的多是定性化分析，会受到教育者主观情感的影响，客观性难以保证。与之不同的是大数据时代思想政治教育将实现定量化分析，将学生的考评作业以定量化的形式呈现，可以更直观地看到学生的接受情况，减轻教育者工作负担，以便学生出现疑难问题时及时调整教育方法和内容。学业考评机制的设立为思想政治教育的效果提供了技术保障。

（一）制定严格的考评标准

一套行之有效的标准可以很直观地得出我们想要了解的学生考评信息，同时也应明确考评内容，大学生的思想政治教育学业考评不应只有对思想政治理论掌握的考察，更应该考察的是学生的思想变化和对各项国家事业的认识程度。举例来说，对个人理想信念的强弱以及对国家的政策了解程度分为不同等级，根据知识的掌握状况和了解程度划分不同等级进行大数据统计，可以根据数据了解现代青年人对国家时事政治的热情程度以及意识形态的安全程度，根据比较全面的调查数据调整教育内容的教育方法。

（二）组建专业的考评队伍

大数据的技术相对繁杂，教育者运用起来存在一定挑战，因此组建一支专业的考评队伍是非常必要的。这样可以保证对学生学业考评的专业性和客观性。就现在高校的发展状况而言，具备专业技术的思想政治教育者相对较少。因此，从宏观上来讲应积极培养有数据技术的思想政治教育者或者在思想政治教育团队中配备具有专业素养的技术人员辅助教学，对于高校来说应加快对思想政治教育者进行技术培训的力度，培养出一批既具有过硬理论功底又能灵活运用数据技术的复合型人才。

第三章 新时期高校思政教师队伍建设

教师一直被称为是人类灵魂的工程师，这一称号来形容思想政治教育最合适不过。从本质上讲，思想政治教师是通过知识、技能、经验和道理的传输，达到对学生思想、精神和灵魂的培育，使学生具有正确的价值观，形成积极向上的人生态度，具备自我发展的意识，为个人及祖国的发展而努力奋斗。所以说，思政教师是高校思政课程建设的中坚力量。

本章为新时期高校思想政治教师队伍建设，分为三节，主要介绍当前高校思政教师队伍的发展现状，高校思政教师的素质和能力需求，以及高校思想政治教师队伍的建设策略，以为高校思想政治教育工作的顺利开展提供保障。

第一节 高校思想政治教师队伍发展现状

一、新时期高校思政教师个人素质发展分析

通过专家访谈及问卷调查发现，高校专业思想政治教师主要面临年龄和职称结构不合理、思想政治教师基本素养不均衡、思想政治教师发展干扰因素多、思想政治教师教学压力大以及高校大学生和高校教师关系发生变化等困难，出现这些困难的原因是多样的。主要原因如下。

（一）工作压力大，进修热情低

高校专业思想政治教师尤其是青年思想政治教师面临生活压力大的问题，主要表现是待遇低、要求高。有研究认为，当今时代的高等学校，青

年思想政治教师群体除了普遍面临科研压力较大、教学任务繁重以及薪资待遇不高等现实问题外，还遭遇知识学习与道德发展等困境。利用马斯洛的需要层次理论进行分析发现，思想政治教师面临的生活困难属于缺失性的需要，这种需要非常强烈，是必须满足的。除了生活压力大等基本生活困难，思想政治教师还面临缺乏安全感和顺畅的上升通道等，大大影响了青年思想政治教师的士气和道德感的提升。

调研发现，普通高校思想政治教师每年在校内或校外实践进修的机会相对较少。有思想政治教师表示，近些年来，很多学校鼓励思政教师去企业实践学习，但事实上他们也表达了一些困难，让他们这些思想政治教师去企业实践非常有必要，也很有意义，他们也非常赞成，但是，在具体实践中却存在很多困难和矛盾。专业思想政治教师精力有限、教学任务繁重，很难抽出足够的时间专心用于企业实践，实在是有些力不从心。上述调查表明，思想政治教师对进入企业实践、加强自身学习的思想认识已经发生转变，极为认可这种模式，但事实上现实生活因素、工作任务分配等因素制约了思想政治教师的专业发展。加之学校扩招，对原本不够的教学力量又雪上加霜，若是遇到思想政治教师产假、病假、培训等情况，压力之大可想而知。

除此之外，因为扩招等因素造成的高校大量引进青年思想政治教师，在缺乏科学、系统的岗前培训的前提下，就将这些青年派到教学一线"接最多的课，干最重的活"，思想政治教师缺乏时间备课、反思，也缺乏社会实践经验和实践技能，最终导致专业思想政治教师教学能力差，教学方法陈旧。

（二）思想政治教师学历偏低，教学实践经验不足

1. 思想政治教师学历偏低

在调查中发现，一些高校研究生及以上学历比例不够，博士学历教师人数寥寥无几。事实上，高校思想政治教师年龄和职称分布不合理，学校里的青年思想政治教师和中、低职称思想政治教师比例较高，具有高级职称的思想政治教师较少，不利于学校的学科建设和专业发展。

调查中，某校是由两所中专学校合并组建，学校合并之前办学规模较小，思想政治教师数量较少。学校合并以后，学校重点工作又在新校区建

设，再加上学校连续多年扩大办学的规模，学校运行压力不断加大。近几年，学校每年引进数十名思想政治教师，而且以青年思想政治教师为主。由于学校的教学任务较重，青年思想政治教师基本没有经过规范、系统培训就走上讲台。除此之外，由于教学任务重，很多思想政治教师的改革创新意识、成果意识不强。学校缺乏大量的具有丰富企业生产实践经历的思想政治教师，缺乏对经济社会生产实践充分认识的思想政治教师。

通过调查还发现，学校在岗位设置中对专业技术职务的高级、中级比例做了严格的限制，一定程度上影响了思想政治教师积极进步的动力，特别是中青年思想政治教师的职业生涯向高层次发展遇到一定障碍。

2. 思想政治教师缺乏经验

在新时期，"双师双能"人才培养的需求更加紧迫。研究发现，近年来招聘的青年思想政治教师普遍存在重理论、轻实践的倾向。很多高校在公开招聘的时候，偏向于从高校应届或往届毕业生中招聘年轻思想政治教师，看重思想政治教师的学历背景和研究能力，忽视他们的实践技能。确实，年轻的思想政治教师理论知识较为扎实，但是他们缺少行业的实践背景和实战经验。虽然大部分思想政治教师都持有"高校思想政治教师资格证"与"行业职业技能证书"，但多属于纸面意义上的"双师"，加之前面提到的思想政治教师的教学、科研任务繁重，很少有集中的时间段到企事业单位培训、学习，离真正的"双师双能"型思想政治教师有较大距离。

据相关统计，一般高校外聘兼职思想政治教会数量远未达到思想政治教师总数的30%。学校需要企业高技能人才、能工巧匠，但事实上这类人员学历层次往往达不到高校的标准，高校收入与企业待遇之间也存在差距。如何引进这类人才，需要突破政策瓶颈，由上级主管部门、学院与企业协商解决。

（三）思想政治教师缺乏创新的观念和魄力

可以发现部分专业思想政治教师的思维方式呈现固化的状态。他们对新技术、新科技都比较认可，但利用相关技术、理论、理念思考疑难问题的情况较少，很多知识和思路都是多年以前的。如此一来，思想政治教师容易被传统思维方式所局限，先进教育技术、教育内容与教学方式的学习、消化与吸收受到阻碍，使得思想政治教师在高校思政课堂上，只能向学生灌输知识，并且讲授内容陈旧，教学方式呆板。这导致学生对思想政治课堂失去热情，不愿意参与相关的实践活动，从而无法达到高校思政课程立德树人的重要目标。

所以，高校思想政治教师应该引导高校大学生主动学习新技术、新知识，把高校思政课堂还给学生，把主动权交给学生，在规范引导的情况下，充分信任学生，发挥学生的主观能动性。但在实际教学中，思想政治教师仍然占据课堂主体地位，剥夺学生的主体权利。高校大学生和高校教师关系并没有想象的那么美好。

高校专业思想政治教师在教育教学、实习实训中的专权独断现象仍然较为普遍。高校思想政治教师要实现专业发展模式的转变，应在教学活动中改变自己的教学观，认识到教师既是学生学习的指导者，也是学生的帮助者、合作者，促进学生和教师良性互动、共同进步。实际情况却是，思想政治教师在高校思政课堂教学中仍然习惯以知识权威或者技术权威的姿态对待学生。学生被动接受知识，也很少向思想政治教师提出有价值的问题，高校大学生和高校教师之间的互动交流缺乏质量。除此之外，思想政治教师角色转变迟缓，对新技术、新思维的接受能力较弱，心态被动，容易造成职业倦怠等不良后果。

（四）思想政治教师未能有效应用信息技术

信息时代，社会知识储备与知识总量不断上涨，继而促进了对教育需求的上涨。思想政治教师传统的、简单的信息获取方法已经难以满足社会需求，且现有信息素养基本停留在经验水平，无法满足学生学习的欲望，需要思想政治教师具有求新求变的意识，积极接触互联网，不断提升自身的信息化水平。

1. 思想政治教师对信息技术的敏感度低

随着"互联网+"时代的到来，高校专业思想政治教师必须不断接受新技术、拓展知识领域，利用信息技术拓展自己的领域。但事实上，高校思想政治教师远程教学能力与网络授课技术远低于预期，多数的思想政治教师还难以适应信息化教学的新形势，对新信息、新技术的敏感性较低，甚至部分思想政治教师对此出现抵触情绪。此外，相应的教学设计较为传统，教学资源不够丰富，导致教学特色不明显，教学质量不高，阻碍了创新型人才的培养。

2. 思想政治教师的信息观念较为陈旧

在当前"互联网+教育"呈现爆发性发展的阶段，很多思想政治教师仍然没有树立起新的信息观念，不认为基于互联网的新型的教育方式必然带来固有教育范式的改革，如高校课程建设的改革、教学组织形式的变革、教学方法的改革以及教育评价方式的优化等。今后，信息技术将成为教育教学、思想政治教师发展、思想政治教师专业培训最重要的工具和手段，各类大型在线开放课程数不胜数，迫切要求思想政治教师利用网络平台和环境，服务教育教学工作。然而大多数高校专业思想政治教师难以自如地利用这些平台，对自主学习视频教程和相关操作说明缺乏耐心，信息观念陈旧，信息素养发展迟缓。

二、新时期高校思政教师职业素养分析

（一）当前高校思政教师职业素养存在的不足

1. 专业思想不牢，缺乏职业献身精神

我们都知道，观念是行为的先导。相关调查表明，当前高校思政专业师范生在校期间的思想政治教师职前准备特别不充分，普遍存在着专业思想不牢，职业意识模糊，对新时期、新课标了解不够，对思想政治教师职业缺乏热情和职业献身精神等一系列问题。主要表现在：

一方面，当前高校思政专业师范生的专业思想不坚定，缺乏坚定的思想政治教师职业理想，主观上忽视自身思想政治教师职业素质的提高，大部分师范生把时间和精力都放在了备战考研和做兼职工作上，从而在很大程度上缩减了增加自身教育理论储备、提升思想政治教师职业素养的时间。究其原因，根据相关调查结果表明，关于师范生选择思想政治教育专业的原因方面，仅有三左左右的学生是因为本身喜欢而选择思想政治教育专业的，更多的学生由于高考分数限制和服从调剂而被动选择了该专业，可见这部分学生对本专业的学习热情和兴趣并不高。还有一部分学生则是

听取老师家长意见而选择的本专业，还有的学生则表示是出于其他原因，这些调查数据充分表明大部分师范生在入学之初就缺少对该专业的热情和学习兴趣。除此之外，在关于是否愿意终身从事教育事业方面，有一半的学生表示看情况而定，若无更好的职业再从事思想政治教师职业。而仅有少部分学生表示愿意终身从事思想政治教师职业。这也是大部分师范生在校学习期间很难全身心投入专业课学习过程中去的重要原因。

另一方面，随着现代社会经济的迅速发展和高校的大规模扩招，毕业生人数逐年激增，师范生的就业压力和生存压力越来越大。在如此巨大的就业压力之下，少部分学生仅仅把思想政治教师职业当作一种谋生的手段，而没有当作一种神圣而高尚的职业来对待。作者在日常和学生交流的过程中了解到，有接近 75% 的学生认为当前思政专业的就业形势非常严峻，普遍认为就业压力比较大，竞争优势很小。而且，在关于师范生选择思想政治教师职业的意向方面，有接近一半的学生选择考研继续深造，积极拓展职业选择空间，仅有少部分学生表示毕业之后希望能够直接从事教育事业，还有学生表示毕业之后如果找不到更好的工作再考虑从事思想政治教师职业。在关于师范生选择从事思想政治教师职业的原因方面，大多数学生认为思想政治教师职业相对来说比较稳定，而且待遇好、假期多，有保障。仅有少数的学生本身非常热爱教育事业，认为思想政治教师的社会地位高，受尊重。以上结果说明绝大多数师范生之所以选择从事思想政治教师职业并不是因为从内心喜欢并热爱思想政治教师职业，而是被思想政治教师职业所附着的优厚待遇所吸引，这也就进一步造成了目前的大部分思政教师缺乏对思想政治教育的热情和职业献身精神。

2. 知识面贫瘠，非专业知识匮乏

在相关研究中显示，关于高校思想政治教师业余时间的分配方面，近一半教师表示将时间和精力主要集中于阅读专业书籍，钻研专业理论。这表明目前大部分思政教师在专业知识方面的掌握状况相对来说较为扎实，也有自我进修的意识和动力。除此之外，仅仅有 20% 的教师表示在课余时间偶尔阅读自然、人文、社科、美学、艺术等非专业书籍。还有少部分教师则表示把主要精力集中于其他工作，提升自身就业能力。综合以上这些调查结果，不难看出，目前绝大多数思政教师往往过于重视自身专业理论知识的学习，而忽视跨学科、非专业知识的广泛涉猎，造成自身在知识储备方面存在严重不足，主要表现在：一方面，知识结构比较单一，知识面不宽仅限于专业领域。有部分思政教师过分强调本专业学科知识的学习而忽视社会科学知识和自然科学知识等相关学科知识的涉猎，造成自身知识结构不合理，难以全面适应高校新时期对复合型、全能型思想政治教师的岗位需求。另一方面，非专业知识严重缺乏，包括自然科学知识、社会科学知识、人文科学知识以及美学、艺术、音乐等跨专业知识储备不足，缺乏教育学、心理学科学素养。另外，关于思政教师自身知识储备最为欠缺的方面，有接近50%的教师认为自身的非专业、跨学科综合知识比较缺乏，综合素质有待提高。也就是说目前的大部分思政教师已经意识到自身在知识储备方面存在的严重不足，并且希望通过各种途径来增加自己的综合文化素养，这也就要求高师教育在课程设置方面要加大非专业性、综合性课程的设置比重，要着重提高师生的综合素质和文化修养，以适应新时期对高校思想政治教师提出的新要求。

3. 探究意识缺乏，创新能力不高

受传统应试教育观念影响，部分高校思想政治教师仍旧不同程度地存在着重理论知识传授、轻能力培养的教育观念，在教学过程中不能够根据教学内容的实际需要灵活运用和转换教学方法、教学手段，忽视对学生创造性思维能力的培育，很大程度上造成了当前学生学习兴趣低下、主动探究能力不强、创造意识缺乏、创新能力不高。在调查中发现，关于自身最为欠缺的思想政治教师职业技能方面，有接近半数的教师认为自身缺乏探究意识，创新能力和科研能力不高，具体表现在：首先，部分思政教师虽具有一定的创新意识，但事实上缺乏主动探究知识、勇于克服学习障碍和学习困难的坚强意志和毅力。教师虽然普遍认为创新意识对于自身教育教学能力的提高发挥着至关重要的作用，也希望自己能够具备这种创造性意识和思维能力，但事实上在实际学习过程中缺乏主动探究、勤于思考的主观能动性，缺乏独立自主的批判能力、自主获取新知识的能力以及探究性学习的能力。其次，部分高校教育教学理念严重滞后、思想政治教师教学方式方法陈旧、单一，在运用过程中缺乏灵活性，学生自主学习、独立探究和相互讨论的机会特别少，难以调动学生的积极性和主观能动性，更难以激发和挖掘学生潜在的创造意识和探究能力，容易造成学生思考疑难问题过程中的思维定式，也不利于学生发散性、创新性思维能力的培养。在

这种枯燥无味的高校思政课堂教学氛围中，学生缺乏学习兴趣，从而在很大程度上造成思想政治教师的高校思政课堂教学质量不高，教学实效性大打折扣。最后，教育科研活动和教学实践项目是培育思政教师创造意识和提高创新能力的重要途径，然而高师教育在科研实践活动和创新性课题项目环节严重欠缺，不仅数量不足而且形式单一，未能真正发挥其培养思政教师探究意识和创新能力的有效作用。这也就造成思政专业师范生参与实践性的科研活动和课题项目的机会少之又少，学生很少有机会能够参与到科研活动和教学课题的研究和探讨中去，即使参与其中也很少能够使自身的创新意识和创造性思维能力得到有效激发和培养。

（二）高校思政教师职业素养问题的溯源

通过对目前思想政治教师职业素养存在问题的分析可知，新时期背景下的高校思想政治教师职业素养还与新时期高校思政课程要求相差甚远，原有的高校教育模式已经无法适应新时期的新要求。因此，传统的思政教育必须进行全方位转型，高师要针对当前思政教师职业素养存在的疑难问题，努力从教育理念、课程设置、教学方式、实践教学环节等方面来深刻探究其成因，争取培养出符合新时代要求的新型思想政治教师。

1. 教育理念僵化落后，缺乏时代性

长期以来，受传统专业教育本位观念的影响，高校教育仍在奉行"学科中心、思想政治教师中心、高校思政课堂中心"的落后的教育观，过于重视学科专业理论、专业知识总量的积累，忽视实践教学的重要性，忽视对学生动手能力和实践能力的培养。比如，在规定的思想政治教育专业课程中，学科专业课程与教育实践课程所占的比例分别为94.12%和5.88%，也就是说现在的师范生缺乏的不是专业理论知识，而是欠缺参与教学实践的实战经验。这种重专业性轻师范性的教育体制，既不利于培养学生正确的教育价值观，也不利于塑造学生优秀的人格特质和专业自我，从而导致师范教育在思想政治教师人才培养方面很难适应不断发展变化的高校课程改革。除此之外，高校思想政治教师在授课过程中，仍在不同程度的沿用纯理论性和较抽象性的概念灌输教育，在相当程度上致使学生在理解和灵活运用专业理论的过程中过于程式化，缺乏变通，而且也造成了学生的非专业知识贫乏，这些教育方面的缺陷与误解极大地影响了学生综合素质的

提升。然而，新时期要求思想政治教师在教育教学过程中要以学生为本，要将学生作为教学过程的主体。思想政治教师是引导高校大学生发现知识、探究疑难问题的启发者和引路人。而当前的高校思政教师普遍缺乏研究性和创新性，学生只是机械地学习与被动地接受教育，缺乏独立思考的精神，在此种教育体制下也就难于培养学生的创新精神和实践能力，难以实现高校思想政治教育的目标。

2. 课程体系不合理

当前思政教师职业素养所存在的问题，我们应从思政教师的培养过程开始分析，也就是对思政专业以及思政专业师范学校的教育情况展开分析。

教育的核心在于课程。课程设置的不合理势必会对思政专业师范生的思想政治教师职业素养培育产生极大的不利影响。联系目前的高校思政教育改革，课程结构失衡、内容陈旧且缺乏与高校教学内容的衔接，这仍然是当前我国高师教育课程设置存在的主要问题。

（1）课程结构失衡

高师思政专业的课程体系包括众多学科领域的课程，课程构成比较繁杂，主干课程不突出，导致各学科课程设置比例不协调，造成结构失衡。第一，课程结构比例失调，学时和学分分配不均衡。根据山东某高校 2012 级思政专业的本科教学计划显示，在目前的思政专业课程计划中，学科专业课程和专业限制性选修课所占的课时比例和学分比例普遍过大，其所占学分一般占到总学分的 65.8%，公共基础课占到总学分的 13.8%，而重在提高学生教育教学实践能力的实践教学课程仅仅占到总学分的 9.5%，教育理论与技能基础课仅占到总学分的 3.0%，旨在提高师范生综合文化修养的综合素质选修课也只占总学分的 2.5%。综合以上几组数据，我们可以看出，目前高校思政专业在课程设置方面还存在很大问题，主要表现在：过于重视学科专业课程在课程体系中的主导地位，政治理论类和专业理论知识类等学科专业课程所占比例较大，忽视教育理论与技能课、实践教学课程以及综合素质选修课等课程在提高师范生思想政治教师职业素养方面的重要作用。这样的课程设置不仅会制约学生个性的塑造和特长的发展，而且也不利于学生职业综合素养的提高和从教技能的培养，更难以满足基础教育新时期对复合型思想政治教师的需求。第二，课程结构过于松散，没有建立学科之间有机的横向联系，忽视内容的纵向发展，从而导致学生知识体系的不合理和知识结构的断层。从新时期高校思想政治教师复合型知识结构的要求来看，课程设置仍以学科专业课程为主，过分强调专业性，忽视学科之间的横向联系，造成思政专业学生知识面狭窄，缺乏将不同学科知识进行筛选、整合并进一步组织优化为优秀教学素材的能力，难以满足高校新时期对复合型、全能型思想政治教师的多规格需求。

（2）课程内容陈旧、单一

高师思政专业课程内容单一陈旧，缺乏与高校思政课程的有效衔接。随着高校思政课程改革逐步推进和深入发展，当前高师思政专业课程体系已经远远落后于新时期高校思政课程理念的新要求，课程内容与学科前沿知识断代，并且缺乏职业教育、职业规划、就业指导等相关内容，对学生的思想政治教师职业发展规划方面的培养严重欠缺，已经难以适应高校思想政治教师岗位的职业需求。

第一，课程内容陈旧，教材滞后，更新速度慢，造成培养的学生综合素质不高，联系生活实际的能力和实践操作能力不强，在教学过程中往往由于知识储备的不足往往而显得力不从心，难以符合高校对思想政治教师的新要求。因此，这样的课程设置不仅不能及时反映出学科发展的方向，而且也无法与新时期背景下的高校思想政治课教学内容相衔接，更不利于学生思想政治教师职业素养的培养和提升。同时，当前思政专业的课程内容缺乏生活性、社会性和现实性，忽视实践课程的安排和探究性学习活动的开展，造成学生缺乏社会实践相关知识以及实践机会的获得，致使培养出来的学生难以满足新时期背景下高校思想政治教师的新要求。

第二，现行思政专业的课程体系过于注重专业培养的学术性，忽视思想政治教师培养的师范性。在这种重学术轻师范的片面教育思想指导下，高师教育类的课程内容已经严重落后于高校新时期对课程内容的新要求。

3. 教学方式单一，缺乏灵活性和创新性

一方面，长期以来，我国传统教育形式是一种以"思想政治教师为中心""学科为中心"的灌输式教育，思想政治教师是整个教学过程的主宰，学生主体地位丧失，学生只是机械地按照思想政治教师的意愿和教学安排被动地参与教学过程，高校大学生和高校教师之间只能单向传输，不能双向交流。这种单向的教学方式在造成高师教育与高校新时期理念相背离的

同时，更加造成了学生和思想政治教师之间关系的隔阂，而且也会在无形之中挫伤学生的自主性和发展潜能，严重阻碍学生创造性思维的形成与发展。除此之外，思想政治教师在教育过程中过多地注重将学生培养为知识性的人才，注重理论知识的系统讲授，而忽视了对学生独立思考、自主探究能力的训练以及创新能力和教育科研能力的培养，从而也就造成师范生在走向工作岗位后一味地注重知识性的教育，而忽略了对学生的情感、态度和价值观教育。另一方面，高校思政课堂教学主要依靠理论讲授的教学方法，缺乏灵活性和创新性。思政专业课程门类繁杂，体系庞大，课时多，教学内容理论性、抽象性和哲理性很强，教学通常是理论性的单纯的知识传授过程。这种专业特质决定了思政课主要依靠高校思政课堂讲授的教学方式，灌输式的方法仍然充斥于高校思政课堂，启发式、对话式、问题式的教学方法仍然没有被真正广泛运用到高校思政课堂。而且，在这种灌输性的高校思政课堂情境中，学生主体积极性不高、自主学习意识淡薄，缺乏与思想政治教师和学生之间的思想交流和意见融通，学生很难融入教学过程中去，往往思想政治教师费心费力地讲，但教学效果却收效甚微，学生的探究性学习能力、团队合作能力以及内在潜力也得不到很好的激发和培养。

4. 忽视实践教学的重要性，教育实习形式主义严重

（1）教学理念僵化，忽视实践教学的重要性

当前，在思政专业师范生思想政治教师职业素养的培育过程中，高师院校首先在思想上和认识上存在较大偏差，未能充分发挥实践教学环节对于提高师范生思想政治教师职业素养的重要作用，也未能及时将学生专业能力的培养提高到适应高校新时期需要的高度上来认识，主要表现在：首先，重理论传授、轻实践教学的思想观念根深蒂固，加之思政专业的理论性、抽象性比较强，而实践性、操作性相对较弱的特征，造成高校思想政治教师一味注重理论知识的灌输，而忽视对学生专业技能的训练和综合实践能力的培养，造成教学过程与现实生活相脱节，使得思政专业学生的职业综合素养难以适应高校思想政治教师的现实要求。其次，实践环节缺乏规范有效的组织管理、缺乏资金支持和实践基地保障以及缺乏科学的考核和评价体系，致使教育实习、微格教学等实践教学形式在实际操作过程中缺乏统一有序的协调和组织管理，也就无法全面发挥其在强化师范生实践

教学能力过程中的不可替代的关键性作用。最后，实践教学活动环节上，未能真正发挥实践课在提高学生实践能力和教学能力过程中的重大作用。在思政专业教学体系中，专业知识课时比例高，实践教学课时比例低，诸如微格教学、顶岗支教实习等实践教学内容流于形式，学生在校期间所学的教育理论没有能够在教学实践中用于指导自己的教育教学活动，教育实践环节未能真正发挥提升师范生实践教学能力的作用。

（2）教育实习形式主义严重

教育实习是师范生实践在校期间所学教育理论，并获得实践教学经验的角色转换阶段，有利于强化师范生对教育教学理论的理解和教学工作的认识，为胜任高校新时期思想政治教师岗位打下坚实的基础。当前教育实习中存在着实习内容单一、实习时间较短且安排不合理、实习管理松散、实习学生理论知识准备不足、实习考核不严等一系列问题，导致教育实习流于形式。

首先，高师院校与实习学校的利益关系不平等，没有建立二者之间紧密联系的"教学共同体"。大部分实习学校认为实习生专业知识储备量的不足和实际任教经验的缺乏，会影响学校正常的教学计划和教学质量，从而在一定程度上对接待实习生的教育实习工作有些排斥。这种单向的不平等的利益关系不仅严重影响了高师院校教育实习的质量，而且也极不利于实习学校教学质量和思想政治教师整体素质的提高。其次，教育实习时间不充沛且安排不合理，以致未能充分发挥其提升师范生实践教学能力的功效。目前，大多数高等师范院校教育实习的时间为 5 至 8 周，仅占总课时比例的 5% 左右，远远低于一些发达国家 20% 左右的比例。除此之外，当前大部分高校都选择将教育实习安排在大四第二学期，而这一时期恰好是学生备战考研与复试以及参加就业招聘的关键期，这给师范生带来了很大的压力，致使他们没有足够的时间和精力投入教育实习过程中去。这种过于集中和滞后的安排，成了师范生毕业前的"应急机制"，使师范生很难真正达到实践教学的要求。再次，教育实习组织管理体制滞后，主要表现在：缺乏统一管理，导致实习学校各自为政，对实习工作敷衍了事；实习设施和教学条件得不到有效保障。部分实习学校达不到接受教育实习必需的教学设施和教学队伍，实习工作质量得不到有效保障。最后，教育实习考核制度不严且流于形式，难以真正对师范生的教学能力以及实习质量给予严格的考核和评价。而造成这一疑难问题的原因在很大程度上是高师院校和实习学校双方对教育实习工作的忽视和责任上的相互推诿。

三、新时期高校思政教师队伍建设现状及问题

高校思政教师每日战斗在思想政治教育第一线，不仅从思想上还从学业上、心理上、生活上给日臻成熟的大学生们以指导和帮助。同时思政教师普遍存在时间精力投入不足、工作成效有限等情况，以上现象导致了一些思政教师每日深陷纷繁的事务性工作，疲于奔命，而无暇顾及本该是职责所在的思想政治引导、心理健康辅导上。

思政教师队伍还存在着专业化水平不高，具有思想政治教育学科专业背景的教师人数并不多的现象，部分教师工作时主要依靠良好的思想道德和崇高的敬业精神。由于学历低、工作忙、职称评聘受限、科研水平不高等原因，使得很多思政教师队伍发展空间较小，造成流动性大、队伍不稳定的现状。

（一）专业性不突出，专业化程度较低

1. 教师队伍建设机制不完善

在高校，长期存在着对思政教师队伍的考核、激励及晋升机制不健全现象。不能很有效地对思政教师工作进行考评，就很难形成对思政教师嘉奖还是惩罚的依据，很难形成思政教师职称评定的有效参考，长期以来必将对思政教师们的工作热情及上进心造成严重的影响。

另外，思想政治课程与其他专业课程不同，它本质上是对学生思想观念的教育培养，一般情况下，我们不能通过考试的情况来考察学生的学习效果，也就无法评定思政教师的教学效果，而且各大高校并没有建立相关的、有效的课程评价机制，这也对高校思政教师的工作积极性造成很大的影响。

并且，不健全的考核激励机制不利于挖掘思政教师的内在潜力，不利于他们工作热情、积极性、创造力的发挥。而建立高校思政教师工作考核机制，能够对思政教师工作进行科学合理的评价，对努力工作的思政教师给予表扬和鼓励，对消极工作的思政教师警告和惩罚，容易在思政教师队

伍中形成赶超先进、力争上游的氛围，能够有效地刺激思政教师的责任心，督促其在工作岗位上尽心竭力地工作。并通过树立先进典型，为他们今后工作指明努力方向，充分调动思政教师工作的积极性，唤起工作激情，不断完善自我，提高工作质量。成绩突出的没有嘉奖，工作落后的没人责罚，长此以往，必将引起思政教师们的消极心理，从而直接影响思政教师队伍的建设和整体的工作效果。

因此，思政教师的工作不仅要考核，还应结合工作实际科学合理考核，制定详尽考核条例，最好还要学生参与考核，因为对思政教师的工作他们更有发言权。思政教师是否有责任心，是否能够细心、耐心、设身处地地为学生着想，尽心竭力为学生解决问题，都要制定具体详尽的考核标准逐一让学生打分。然而现状是，思政教师队伍建设课题中的难点和弱点便是缺乏对思想政治教育工作的系统、全面且具体的考核机制。

2. 思政教师各方面素养不足

在知识经济背景下，以及互联网技术的支持下，当代大学生获取知识和信息的渠道越来越多，自身文化素养越来越高。所以，作为高校思政教师，也要不断地学习，不断扩充和完善自己的知识体系，跟上时代的步伐，全面提高自身素质，只有这样，才能真正走近学生，了解学生，才能真正成为令学生信服、爱戴，并且能够让学生受益的"人生导师"和"知心朋友"。

况且，社会变迁如此之快、经济飞速发展的今天，大学生对政治、社会经济、科技文化等都有着自己一套独特的见解，作为思政教师想要对学生的思想进行引导，又能融社会主义的基本观点于其中，更是要求思政教师不能简单地说教，而要对自己的知识活学活用，将社会主义的基本观点融会贯通，对学生进行"灌输"，这里的灌输，早已不是传统意义上老师对学生进行知识传授，而应成为具有感染力、号召力，容易让人信服的教育引导。

举例来说，社会存在的一些贪污腐败现象，社会贫富差距问题，面对这些社会现象，有些学生对社会主义市场经济提出质疑，此时作为思想政治工作教育者的老师如何解释、透析这些社会现象并最终说服学生坚定社会主义信念不动摇，就需要思政教师具有全面的知识体系。然而很多思政教师没有掌握这样全面的知识体系和引导教育学生的能力，甚至部分教师没有系统学习过思想政治教育专业的基本知识和基本理论。正因为专业化水平低，也使得思政教师们在工作中难以取得理想的效果。

（二）考评制度存在不足，法制化滞后

首先是考评指标难以确定。思政教师工作是做人的工作，主要任务是对学生进行引导、熏陶，帮助其成长成才，工作绩效难以像其他专业教师可以根据课时、成果以及学生成绩等硬指标来予以体现，因此需要进一步制定科学、全面、客观反映思政教师工作量与工作业绩的考评指标。其次是考核内容上存在一定程度的"重事务管理，轻教育引导"。由于思政教师事务管理工作易于量化，教育引导工作具有一定隐蔽性和长期性特点，因此往往在考核内容上偏重于事务工作完成情况，这对思政教师工作方向也形成不利引导。

（三）思政教师人格魅力有待提高

思政教师担负着培养学生正确思想观念的工作。"亲其师，信其道"，作为以思想政治教育为主要工作内容的思政教师，必须具有足够的人格魅力，在学生面前必须有作为老师的威严，能够帮助学生答疑解惑，为学生的人生成长指引正确的方向；同时，思政教师也要有平易近人的一面，要成为大学生的"知心朋友"，这样才能深入学生群体，深度了解当前大学生的生活和学习现状，了解他们的内心想法，了解他们所面临的问题，这样才能给予学生恰当的帮助和指导，才能得到更多思想教育的契机，从而逐渐树立学生正确的价值观、人生观，有效提升思政教师思想教育的工作效果。

四、影响高校思政教师队伍专业化建设的因素

（一）高校思想政治教育受到利益多元化的冲击

随着社会的发展，全球化使人们的联系更加紧密，多方利益主体在竞争中就形成了利益多元化的情况。所谓利益多元化就是在利益体系中存在着多个利益主体。当今中国社会正处于快速发展时期，社会转型也出现了

多样化的特征。在以经济发展为基础的社会主义市场经济深层变革的时代，各种价值观念与生活方式发生很大的转变。在此背景下，高校大学生的世界观、价值观、理想追求、人生目标等方面都有了改变。而高校思想政治教育具有时代性和开放性，因此，这一系列社会转型导致的利益多元化、利益多样化冲击了高校思想政治教育，对高校思想政治教育提出了挑战。

1. 高校思想政治教育宏观环境受到影响

就国内环境来说，我国在改革开放后处于社会转型的关键时期，经济、政治、社会、文化都发生了巨大的变化，交往方式、生活方式、思维方式都发生了较大的变化。改革在多个领域继续深化，社会更加开放，使国内环境发生了翻天覆地的变化。思想空前的活跃，文化创造不断发展。在复杂国际和国内环境下，利益多元化对高校教育势必会带来影响与冲击。因此，高校思想政治教育必须要应对客观现实，关注不同利益主体多元化的需求，才能增加思想政治教育的实效性。

2. 高校思想政治教育微观环境受到影响

社会转型利益多元化对微观环境产生一定的的影响。社会转型使人们的交往方式发生了变化，交往关系的丰富，精神生活的不断丰富，使人的个性特点得到突显，随着人们个性的发展，有了更多不同方面的需求。各大高校应该根据学生的认知特点和发展需求，在思想政治教育方式方法上与传统相比有所改进、不断创新，着力创造新的方式和方法，满足学生多样化的发展。社会转型使原有的家庭环境也发生了变化，家庭结构发生的变化给高校思想政治教育也带来了巨大的挑战。中国家庭结构在改革开放40多年来发生了很大改变，改变了原有的家庭结构。在实现计划生育以来，我国出现了一批二代人的家庭，即父母与孩子，随着孩子的减少，家庭结构规模越来越小。2005年的家庭人口数的调查显示，我国家庭总户数排前三位的分别是三人户、二人户、一人户。价值观的改变，利益多元化的影响下，人们对离婚也越来越宽容，导致我国出现了很多单亲家庭，即二人户的家庭结构。家庭环境的改变中出现家庭不完整、父母一方在忙于工作等问题，这种家庭教育的缺失增加了高校思想政治教育的难度。再有社会的转型，利益的驱动对人的影响，在高强度的社会竞争中，一些家长在家庭教育中把社会的压力、不满加在孩子身上，使孩子的心理充满困惑、压抑，最终出现心理问题。利益多元化也使得一部分家长出现了拜金主义、享乐主义、道德下滑的现象，还有的家长对孩子过于溺爱，过分放纵，这一切使子女道德、价值取向出现问题。在互联网时代，西方思想文化在互联网迅速传播，各种信息在网络上汇集和碰撞，西方敌对势力利用网络宣传西方的意识形态和价值观念，大学生在这样一种网络环境下会出现价值选择的迷茫，对高校思想政治教育造成了非常大的冲击。

3. 高校思想政治教育不可控因素增多

社会转型利益多元化使得思想政治教育的不可控因素增多，大学生的价值观和行为选择受到社会转型期变化的冲击。面对复杂的社会，科学和技术的快速发展，大学生出现了思想多元化、多变性的特点。这些变化直接导致部分学生社会责任感淡化、理想信念缺失、心理问题增多，这给思想政治教育带来很大的挑战。思想活动在教育中是最不好控制的，处在社会多元化背景下的大学生出现的思想多变性、复杂性和混合性，增加了思想政治教育的不可控因素。当前中国处在社会转型变革时期，新旧观念之间如何转变，西方的文化如何吸收，传统文化如何合理应用，在文化多元化激荡发展的背景下，国家观、民族观、文化观中都增强了新的内容，这增加了高校思想政治教育的不可控风险。针对这一系列的变化，高校思想政治教育必须主动顺应社会的转型，以开放发展的眼光在新的时代继续引导高校大学生树立正确的理想信念，使思想政治实效性真正得到提高。

（二）高校思想政治教育受到西方文化的影响

"社会化的人类是全球化的实质。"随着人类社会的发展必然会出现全球化的趋势，生产力的发展促进了经济全球化，各国成为统一的整体，联系的越来越紧密。马克思和恩格斯也将大变革时代理解为"世界历史"的时代，无论我们接不接受全球化，其已经按照马克思当年的描述成为现实。自 20 世纪 80 年代以来，世界经济发展日益相互联系和相互渗透，不断加深加快。当今，在世界发展的多极化与经济全球化的背景下，加之新一轮信息革命的促进，全球思想文化的交流与传播越来越快速。特别是在全球化的背景下，西方文化对我们国家的影响和渗透，影响了一部分青年大学生。国家的希望在青年学生，因此其对高校思想政治教育带来了巨大的影响。我们国家在改革开放后，随着经济、政治、文化等方式的变化，社会中人们的思维方式、价值观念和生活方式也与以往有很大的不同。

1. 高校思想政治教师受到西方文化的影响

思想政治教师在文化的传承与人才的培养中的作用是不容置疑的。在全球化背景下，东西方文化进行了一定程度的交融，这对人类社会文明发展有着一定的促进作用，但是，西方文化并不完全适用于我国社会的发展，甚至一些西方文明会对我国社会发展、人才培育造成一定的负面影响。在这种情况下，一些原本意识坚定的思想政治教师也容易把西方文化的一些内容嵌入自身的意识中，从而在高校教学中对学生产生很大的影响。思想政治教师的言论是比较值得学生信服的，因此，高校思想政治教师必须对马克思主义理论真学、真懂、真信，全面提高各方面素质，才能抵制西方意识形态的渗透和影响。

2. 高校大学生受到西方文化的影响

高校大学生是国家和民族的未来。西方文化、价值观念对高校大学生思想观念有很大的影响。一些西方价值观都宣扬个人主义，以个人主义为中心，这种观念是与我国传统价值观念相悖的，会使一部分正处于追求自身独立和价值选择中的高校青年学生形成西化的价值认同，迷失方向。全球化背景下，西方文化的渗透还具有一定的隐蔽性，出现了一些新的传播手段和方式，主要表现为以下几方面。

第一，通过其高度发达的文化产业，将其价值观与文化产业相结合，这种新形式的渗透方式，更容易对他国文化产生影响。

第二，在互联网高度发达的时代，西方文明与网络技术相结合，影响力更强。随着近二十年互联网在我们国家的快速发展，一些西方国家利用网络的高效和快捷等特点不断进行渗透和融合，尤其是西方国家开放的网络游戏，在当代高校大学生中影响非常大，一些高校大学生在上课时沉迷于网络与游戏的虚拟世界中，造成了精神和信仰的空虚，这既浪费了学生宝贵的学习时间，又摧毁了青年学生的意志。

（三）高校党团教育的效果受到互联网环境的负面影响

互联网信息技术的快速发展推动了人类社会的进步。人与人之间的空间距离因为网络信息技术变得越来越近，国与国之间因为网络信息技术的应用也没有了界限。近几十年随着中国经济的快速发展，互联网越来越普及，成为人们生产生活的必要工具。特别是在高校中，高校青年大学生正处在学习与接受新鲜事物的黄金时期，他们思想活跃，乐于接受互联网这种新鲜的事物。以往在高校中对大学生的教育主要是通过学校党团思想政治教师，如学校主管学生工作的领导、团委思想政治教师、高校思想政治理论课教师、辅导员等人。在我国没有互联网的时期和还不普遍的时期，高校思想政治教师的话学生是非常相信的，教育实效性也很强，但事实上随着互联网的普遍应用，在很大程度上削弱了高校党团教育的效果。确实有利于世界经济的发展，但如果使用不当，也会给人类社会的发展带来很多问题。正如马克思和恩格斯就充分地赞誉了技术在人类社会发展中所发挥的巨大作用，但也指出了技术所产生的异化现象，这种异己的力量，使人受到了压榨和奴役，人最后也失去了自由，成了机械式的工具。

出生在互联网时代的 90 后、00 后大学生，他们追求个性，追求自由和独立自主。得益于中国经济的发展，在这一时期成长起来的 90 后和 00 后大学生生活条件优越，他们更注重个人的情感体验与价值体验，对政治普遍不太关注，有着强烈的个人意识，从小到大习惯从网络中获得知识和信息。因此，他们从小已经养成网络思维方式，在生活和学习中都与网络分不开，尤其是 00 后大学生具有较强的网络社交、网络学习和网络消费的能力。网络性词语如佛系、吃鸡在其生活中很普遍，网络购物、网络游戏在其生活中也为他们的生活带来了很多方便，使其生活更快捷和便利。但西方国家却利用当代大学生普遍使用互联网的特点，在网络中通过各种形式渗透他们的政治理念、文化理念和生活方式。

互联网产生之前，在高校中大学生接收信息主要是通过高校思想政治教师，在思想政治教师的思想和行为影响下形成自己的的世界观和价值观。但信息技术作为"静悄悄的革命"在当今以不受人们可控制的速度发展起来，真正地实现了中国人所说的"秀才不出门，便知天下事"。互联网全方位地改变了学生的生活和学习方式，提供了新的认识世界的方式，大学生对网络的依赖加深，以往高校思想政治教师的教育方式显然已经不适应当代学生的新特点和新需求。大学生对思想政治教师的心理需求也转向了网络，大学生对网络的依赖使其思维方式发生了一定的变化，以往高校党团的教育可以有效培养学生发散的思维方式，但互联网呈现出来的信息是直观的和具体的，容易使学生不再去主动思考，从而不利于学生多维思维方式的形成。再有通过互联网可以快速地查找所需要的信息，使高校党团教育面临挑战，需要高校党团方面的思想政治教师及时更新观念，利用互联网对学生进行合理的教育和引导。高校思想政治教师必须转变思维方式，首先，由传统的教学模式向互联网下的教学模式转变。高校党团思想政治教师要根据学生特点不断研究和探索，重视校园网络安全的建设，加强对学生的网络安全教育。其次，思想政治教师也需要掌握一定的互联网技术，当前高校党团工作者有再深的理论功底，一旦互联网技术不行，也很难走进学生心里，对其进行指导和教育。高校党团工作者要利用互联网技术在网络中通过各种形式与学生聊天、谈心，使青年形成正确的世界观和价值观。最后，高校要不断重视对思想政治教师互联网技术的培养，给思想政治教师创造时间和条件去学习，在新形势下不断更新思想政治教师的理念，在新的时代背景下，利用互联网更好地发挥高校党团教育的效果和作用。

（四）高校思政教育受到传统教育理念的影响

为了把学生培养成对社会主义建设有用的人，作为知识载体角色的思想政治教师在教学过程中需要向学生灌输各种自然科学知识、社会科学知识和人文科学知识。思想政治教师认为学生掌握的知识越多，教育过程就成功了。因此，为了让学生掌握更多的知识，部分高校思想政治教师严格控制学生的教学全过程，思想政治教师拥有绝对的权威，学生在严格控制的特定的模式下接受教育，这种教学模式把学生当作物去看待，而不是有思想有意识的主体，使学生成了单向度的人，思想政治教师在这个过程中也成了单向度的思想政治教师。

近年来在高校中我们频频听到一些本科生、研究生甚至还有一些国内知名院校的博士生自杀的事件。在生活中我们其实可以看到他们都已经很成功了，有着人人羡慕的高学历，从小到大都有非常好的成绩，但他们都有一些共同点，例如不知如何面对挫折，如何面对社会、人际沟通交往中存在的问题、心理承受能力弱，在传统的教育理念下，他们只会学习，除了学习什么也不会，成为单向度的人。追本溯源这与社会、高校和家庭都有直接的关系，在高校中，思想政治教师的使命就是"传道、授业、解惑"，人们认为思想政治教师就是蜡烛、园丁，思想政治教师角色也被工具化。实际上，高校思想政治教师的育人责任也是特别重要的。思想政治教师要使学生在教育中实现自我。思想政治教师应是学生学习的促进者和引导者，要以学生为中心，把每一个学生当成单独的个体去具体地并客观地给予学生真正需要的帮助和教育，而不是机械式地对学生进行政治理论知识的灌输。现代社会，人们的物质极大丰富，人在满足了一定物质需求的基础上，人的自由特别是精神自由不应被压抑，不能按照统一的标准和行为去压抑人的个性。在传统教育理念下，高校思想政治理论课思想政治教师为了成为人们口中的蜡烛、春蚕等角色，盲目地将自身职业角色定位，成为单向度的人。在这样的情况下思想政治教师本身也会职业角色枯竭，思想政治教师成为一种工业加工化的思想政治教师，把一个正常的人变成了教育的工具，只会教学。但高校思想政治教师也是一个正常社会中的人。因此，不能忽视思想政治教师的世俗性，思想政治教师在其职业角色中去工作、去奉献，单向度的思想政治教师也会麻木也会痛苦，高校思想政治教师除了育人还需要育己。

因此，高校思想政治教师角色应该有其内在独特的价值创造，而不应是没有自我意识和创造力的教学工具，思想政治教师也需要不断地成长，思想政治教师的自我提高与发展也是学生发展的前提条件。在思政课教育中，思想政治教师需要改变单一说教的角色，在了解每个学生特点和规律的基础上，启发与引导高校大学生参与高校思政课堂中，使理论真正地入脑、入心。

第二节 高校思想政治教师素质能力需求

一、高校思想政治教师的角色需求

（一）既是学者也是求知者

高校的思想政治教师首先自己必须是一位学者。目前，国家对高校思想政治教育高度重视，并且会定期地对思想政治教师进行培训，还要求学校统一使用通用教材。基于此，对思想政治教师的要求也就相应有所提高，不仅要求思想政治教师有专业素养，还要有广泛的历史、经济、军事等方面的相关知识，这就需要思想政治教师要认真学习教材，仔细研究教材并处理好教材，与此同时，还要不断地更新自己的知识，吸收并了解一些与教材相关的知识。除此之外，思想政治教师也要不停地学习，深造自己，充实自己，从而不断提高自身的教育水平。现在我们生活在不断更新换代的信息时代，作为一名思想政治教师，更加有必要与时俱进，不断提高自身素质和知识的储备，充分满足学生的发展需要。也许知识渊博且好学的思想政治教师可以使得被动学习的学生转变为积极好学的学生，进而让高校思想政治教育的时效性得到提高。

（二）学生思想道德的导师

对于思想政治教师来说，育人不仅是重要的职责，而且还是历史赋予其的使命。思想政治教师是教学的主体，但从学生学习的角度上看思想政治教师处于客体的位置。在学校，思想政治教师就相当于是学生的父母，他们的言行直接影响到学生的一生。要想让学生真心接受老师的教诲，这就需要思想政治教师以自己的行为做出榜样，树立典范。在进行教学的时候，假如思想政治教师对学生认真负责，工作严谨仔细，在处理事情的时候能够做到公平公正，在生活上，自觉遵守社会公德，拥有良好的道德品格，那么对学生的影响作用是具有正能量，反之，其影响是大打折扣的。所以思想政治教师在生活与教学中，一定要做到言语与行为的统一，树立良好的自身形象，成为能够让大学生学习的道德典范。

（三）学生心灵的灌溉者

虽然大多数的大学生已经成年了，但其心理状态依旧不是十分稳定，就有很大的可能会出现心理问题。现在的大学生正处于生理成熟期和心理发育的过渡阶段，在心理上往往出现很多过渡状态的矛盾性，诸如情感丰富但波动较大，自我意识不成熟，独立和封闭性、依赖性、拜金主义、享乐主义及极端个人主义等疑难问题，除此之外，学习负担和就业压力等因素也会造成学生心理不健康。这时，就需要思想政治教师来帮助学生对心理问题进行疏导并加以解决，扮演学生健康美好心灵的培育者，加以正确引导，全面提高学生的综合素质，培养其自身处理疑难问题的能力，从而使学生适应社会的发展和要求。

二、高校思想政治教师的素质需求

（一）多元的知识结构

高校学生思想活跃，有丰富的情感，学习能力强，有较强的自我意识。思政教师在高校学生中建立影响力，首先要有敏捷的思维能力和多元的知识结构。

高校思政教师要不断深入学习马克思主义基本原理，不断提高自身的理论知识储备。要始终站在辩证唯物主义的立场，坚持用辩证唯物主义的观点看待疑难问题，使用辩证唯物主义的方法解决疑难问题，在实际工作中合理应用逻辑学和心理学的知识，保质保量地完成思想政治教育工作。

高校思政教师还要注重学习科学文化知识。现代科学技术快速发展，促进了科学文化知识更新和传播的速度。现代大学生有大量的知识储备和获取知识的手段，思政教师面对的疑难问题也更加复杂。因此，高校思政教师应注重学习科学文化知识，既要具备深厚的专业知识，又要广泛学习各个学科的知识。在掌握思想政治教育专业知识的同时要扩大自己的知识面，不断完善自身的知识结构，以适应现代思想政治教育的新要求。

网络技术的发展为高校的思想教育工作带来了挑战，为应对新的科学技术带来的挑战，高校思政教师应积极学习新的科学技术，更新自身知识结构，使用现代化技术辅助教学。计算机网络技术和多媒体技术具有高效便捷、直观性强的优点，能在很大程度上提升教学效果。在当今形势下，高校思政教师要积极学习现代化教学手段。总之，高校思政教师要不断学习，提高自身的教育能力和管理能力。

此外，高校思想政治教育要紧跟时代发展，思政教师已经具备的知识可能不能满足时代发展要求。如互联网技术的快速发展使得网络与学生的学习和生活密不可分，高校思政教师要完善知识结构，积极学习并利用网络技术，抢占网络思想政治教育的制高点。

（二）高尚的道德品质

高校思政教师要培养学生优良品格，塑造学生的灵魂。这是由思政教师教育性的特点决定的。思政教师不仅需要向学生传授思想政治教育的有关知识，还要向学生传授做人的道理。

这就要求高校思政教师首先要具备良好的思想道德风范。思政教师的思想道德风范对学生有重要影响，这种影响是教材、道德格言、奖励和惩罚都不具备的。思政教师良好的思想道德风范能够成为学生学习的榜样，潜移默化地影响学生的学习和发展，同时也能够提高思政教师在学生中的影响力和公信力，使思政教师更易于展开学生工作，提升思想教育的质量和效率。

思政教师良好的思想道德风范主要包括以下两点。

1. 个人品德

高校思政教师良好的个人品德是指品德高尚，平等地对待学生，为人真实诚恳，对自己有严格的要求。

2. 职业道德

高校思政教师的职业道德有三层内涵。

（1）高校思政教师要有崇高的职业信念，要热爱自己从事的职业，热爱自己的学生，有责任感。在工作中，要保持积极向上的心态，及时了解学生的思想状况。

（2）高校思政教师要有高尚的职业道德品质和精神品质。这些品质能够在工作过程提高思政教师的感召力，无形地影响学生的学习和未来的发展，使学生的品格更加完善。

（3）高校思政教师要有创新意识。思政教师要针对不同学生的不同特点，遵循因材施教的理念对其进行教育。同时，思政教师要大胆创新，改革教学模式和教学方法，更好地为学生服务。

现阶段，我国高校思政教师已经清晰地认识到了当今形势下的高校思想政治教育的作用和认识，能够将思想政治教育作为伟大的事业来完成。在工作过程中，表现出责任感、使命感、职业荣誉感和奉献精神。

但要注意的是，在社会主义市场经济条件下，物质财富极大提高，人们的价值取向逐渐呈现出多元化的特点，人们的价值追求出现一些疑难问题，由追求长远的目标转变为追求眼前目标，由追求精神富足转为追求物质财富，由追求集体利益转为追求个人享受。受到这些价值观念转变的影响，一些高校思政教师对思想政治教育工作的认识发生了动摇，出现了工作不积极、不认真、工作主动性不足等问题。

因此，要增强高校思政教师的素质和能力，引导他们形成对高校思想政治教育的作用的正确认识，提高他们的责任意识和敬业意识，提高他们对所从事的职业的认同感。

（三）良好的心理素质

高校思政教师要切实贯彻学校的教学计划，加强对学生思想上的教育和引导。这些工作的完成，都需要良好的心理素质作为支撑。

良好的心理素质能够帮助高校思政教师更好地完成学生工作。思政教师的工作比较繁复，处理好这些工作要求思政教师要具备以下几项心理素质。

（1）思政教师要对教育工作充满热情，要有完成工作的耐心。

（2）思政教师要有宽和的心态，面对突然出现的情况要不急不躁，面对工作上的误解要不愠不怒。学生不配合自己的工作时要平和处理，积极与学生沟通，不可粗暴对待。

（3）思政教师要富有爱心，要关心学生在思想或情感上的疑难问题，引导高校大学生走出困境。

（4）思政教师要有进取心和坚定的毅力，要能够应对工作中出现的疑难问题和挑战。

三、高校思想政治教师的能力需求

（一）组织协调能力

新时期，为了更好地落实立德树人的教育理念，很多高校采取思想政治教师兼任大学生辅导员的策略，使得思政教师的教学任务更加艰巨。

一般情况下，若是兼任辅导员，思政教师要管理的学生约有一百多人，如此庞大的群体要求思政教师要具有组织管理能力和协调沟通能力。

在工作中使用科学的管理方法能够培养学生的独立意识、现代生活观念和人文精神。

随着时代的发展，当代大学生有着强烈的民主意识和自主观念，这就要求思政教师要使用科学的管理方法对其进行管理。如建立公平合理的规章制度对学生进行管理。建立科学合理的规章制度并切实地执行能够展现思政教师的管理能力和管理素质。同时，思政教师还要提高自己的沟通能力，积极有效的沟通能够促进学生工作的展开。

兼任高校辅导员工作的思政教师的组织协调能力包括班级结构设计、班级人员配备、指导班级实现学习目标。班级结构设计要以班级整体目标和班级的主要任务为基础。班级人员配备要能够促进班级目标的实现。此外，指导班级实现学习目标包括重视学习计划的作用、指导班级制定科学的学习计划、监督班级执行学习计划。计划是实现决策目标的方法、途径和时间表。班级学习计划包括班级活动的目的、时间、地点、人员安排和具体内容。班级学习计划对于班级和辅导员都十分重要，它能够帮助思政教师根据环境的变化为班级的发展制定对策。思政教师除需帮助学生制定学习计划外还要制定相应的标准，监督计划的实施。

（二）语言表达能力

在高校思政教学中，思想政治教师必须和学生进行语言上的沟通和交流，所以教师自身必须具备较好的语言表达能力，要积极学习表达技巧，使自己的语言表达生动、准确、严密。

高校思政教师要掌握交流沟通和论辩的技巧，能够准确完整地表达自己的观点，要善于做演讲和宣讲。此外，高校思政教师要能够使用语言将自己的工作思路条理清晰地表达出来，以便向学校领导汇报工作。高校思政教师要在交流过程中抓住学生的心理特点，有针对性地对学生进行说服教育，提高教育效果。语言表达既是一门科学也是一门艺术。善于运用语言表达的人能够清晰地表达自己的观点，同时能够运用感情打动受话者。

思想政治教育主要通过语言完成思想政治教师和学生之间的交流。因此，语言表达对于高校思政教师工作的开展有重要影响。

高校思政教师的语言表达要适应学生的层次性的特点。高校学生有层次性的特点。这些学生来自不同的年龄层，有各自不同的经历，具有互不相同的性格和素质等。这就要求高校思政教师要在与不同的学生沟通时采取不同的语言表达技巧。

对于勤奋好学的学生要使用委婉的侧面提醒的方法，使这类型的学生能够及时发现自己在学习中存在的疑难问题和不足之处；对于平时不遵守学校的规章制度和高校思政课堂纪律的学生要使用严肃批评的方法，直接对其不良习惯给出严厉的警告；对于自尊心较强的学生要使用柔和委婉的语言向其讲授道理；对于性格活泼的学生要使用活泼生动的语言对其进行教育；对于学生干部要采取直接沟通的方式，直接指出学生工作中存在的问题；对于学习成绩处于班级中层的学生要使用激励性的语言鼓励他们努力学习；对于学习成绩不佳的学生要使用开导性的语言，劝其努力学习。总之，高校思政教师要根据学生的不同层次使用不同的语言表达技巧，针对学生的具体疑难问题给出建议。

首先，高校思政教师的语言表达要满足学生的爱的需要。高校思政教师要保证能够为学生提出正确的建议，在向学生提出建议的同时还要得到学生的尊重和爱戴。高校思政教师要在语言表达中流露出对学生的关心和爱。高校思政教师如果不是发自内心的喜爱学生，那么他的语言表达将是苍白无力的。高校思政教师需要对学生进行严格管理，但要通过耐心的教诲实现对学生的严格管理。

其次，高校思政教师的语言表达要满足学生获得尊重的需要。高校学生有较强的独立意识和强烈的自尊心，针对这一特点，高校思政教师应在学生工作中使用恰当的语言激发学生的自尊心，使其发奋学习，以实现在平和的语境中获得最佳的表达效果。

最后，高校思政教师大可不必过于严肃，在和学生沟通时，在向学生传授某些知识和道理时，不妨使用幽默的语言。这一方面能够吸引学生的注意力，提高学生接受学习内容的效率，另一方面也有助于构建良好的师生关系。

（三）服务学生的能力

高校思政教师既是教育者又是管理者，同时也是服务者，在全面推进素质教育的工作中具有重要力量。高校思政教师应具备服务学生的能力以扮演好服务者的角色。

在当今社会主义市场经济大发展的条件下，由现实问题带来的思想问题越来越多。一般来讲，大学生们绝大部分的思想问题是由现实问题引起的，思政教师要想办法积极解决大学生们存在的现实问题。对于不能及时解决的现实问题，思政教师要对学生进行心理疏导，减轻学生的心理压力。

（四）科学研究和创新能力

要建设专业化、专家化、职业化的高校思政教师队伍，高校思政教师的科研能力和创新能力。高校思政教师要培养自身的科研能力包括教育学和管理学领域的研究能力和马克思主义基本原理领域的研究能力。

在具体的工作实践中，高校思政教师目睹了大量的现象和疑难问题，对这些现象和疑难问题，高校思政教师有自己的思考。但这种思考不应是建立在经验的基础上的，而是要归纳总结经验，在理论高度对其进行思考。在教学的过程中，高校思政教师要采用科学的教育理论分析学生教育和管理中出现的疑难问题，结合以往经验，形成理论，以便为之后的工作提供指导。

因此，高校思政教师要将传统的基于经验的工作模式转变学术型和研究型的工作模式。这要求高校思政教师要具备专业理论能力和科研能力，能够将工作经验和科学研究结合起来。

（五）自我控制的能力

高校思政教师要掌握一定的心理学知识和心理发展规律，并对自己的心理特征有一定的了解，以帮助自己形成对思政教师角色的具体认识。在工作过程中，思政教师要面对来自各个方面各种各样的问题，心理状态和情绪难免出现波动。这时思政教师就需要使用心理学知识调整心态，平稳情绪，以保证顺利完成工作。此外，高校思政教师需要在工作过程中保持良好的情绪，这样能够提高工作效率，也能使自己更受学生的欢迎。

现代社会不断发展，社会中出现了很多不确定因素。高校思政教师主要负责学生的思想政治教育，与学生的接触比较频繁，因此会遇到很多不确定因素。为有效应对这些不确定因素，高校思政教师应在实践中不断锻炼自己，分析影响学生行为和思想的各种因素，以便在面对复杂疑难问题时能够快速判断成因，及时找出应对策略。

四、高校思政教师职业素养的提升策略

随着我国高等教育事业的快速发展，高校新进思想政治教师增多，高校思想政治教师尤其是青年思想政治教师的职业素养提升问题愈显重要。我们认为，高校专业思想政治教师职业素养的提升已经成为制约高校发展和人才培养质量的重要环节。为此，应该从政府、学校和思想政治教师等层面进行多维度的教育教学改革，全面了解高校思想政治教师的现实处境、职业需求以及改进的条件。各部门、各学校也要积极营造良好的"尊师重教"氛围，全方面了解并满足新进思想政治教师各层次的合理需要。地方政府应该开展专项调研与服务工作，清晰地认识高校发展面临的机遇和困境，了解高校思想政治教师职业素养提升的可能性以及存在的障碍，加强对高校的支持与服务力度。突出高等高校办学特色，培养适应社会需要的复合型、应用型人才，优先支持和保障高等高校用编需求，为高等高校引进与培养"双师型思想政治教师"保驾护航。通过研究相关文献、对专家和思想政治教师进行访谈，本书对高校专业思想政治教师职业素养的提升提出如下对策。

（一）落实内外联动，提高思政教师道德品质

现代社会，不论是高校思想政治教师还是其他行业人员，都需要终身学习，加强知识积累和更新，这是时代赋予的机遇也是高校教育所必须面对的挑战。

1. 坚持立德树人的教育理念

当今社会对"立德树人""工匠精神"的关注度越来越高。高校不仅仅是培养高技能人才，还是在为国家培养更多"大国工匠"，而培养的人才日后也可能要传道授业。所以，专业思想政治教师应该具备高尚的职业道德，用良好的精神风貌影响、感化学生。

首先，思想政治教师应该改变心态。改变过去在高校思政课堂上只管教"做事"，不管教"做人"的现象，杜绝培养"技高德低"的学生。否则，从长远看，必将不利于学校的人才培养工作，也有悖于国家的教育方

针。所以，高校专业思想政治教师的职业道德观念转变必须完成，相关工作必须摆在更加突出的位置。

其次，照顾学院的特殊性和办学特色，因地制宜地提升思想政治教师职业道德。思想政治教师的职业道德修养不能是空架子、走形式，必须是贯彻在特殊的职业或行业中。以铁路类院校为例，该类专业思想政治教师应对铁路行业有自己的认识，明确其对国家经济、军事、战略等方面的重要意义，在教学实践环节通过言传身教将铁路行业的家国情怀、爱岗敬业、忠于人民、遵章守纪、注重质量、安全第一、尊客爱货、服务热情、团结协作、服务大局等道德观念传授给学生，自然地传播"人民铁路为人民"的宗旨。

最后，思想政治教师的职业修养是一种生活状态，要常态化。高校专业思想政治教师职业道德修养并不会因为职业的特殊性而搞特殊化，这种修养不是一朝一夕的事情，必须要常态化。学校领导要带头学习，加强职业道德学习，不做"样子工程"，克服形式主义；不空喊口号，念假经。思想政治教师则摆正心态，摆正位置，并将其作为自己日常工作中的一个重要层面去加强，去切实贯彻。思想政治教师职业道德提升工作的常态化是一个复杂的工程，要做好这项任务，重点还是建立健全相关机制，如宣传机制、活动机制、考核机制、监督机制及奖惩机制等，保证思想政治教师职业道德提升的常态化。

2. 加强学校道德管理

高校及其领导班子应该切实贯彻党中央关于加强新时代思想政治教师队伍建设的重大战略部署，研究当前高校专业思想政治教师面临的机遇和挑战，从思想上重视起来、从行动上切实贯彻起来。高校要以习近平新时代中国特色社会主义思想为指导，提出符合高校实际的、可持续的师资发展规划并制定可行的制度。高校应该创新内部培养机制，院系两级共同推进，提供政策支持和经费保证，为思想政治教师提高学历、提升水平、晋升职称创造更多的机会。要帮助青年思想政治教师成长成才，帮助中老年思想政治教师完善自身并做好"以老带新""传、帮、带"的工作。同时，要开拓视野，吸纳校外高层次高水平人才加盟，以人才补给带动师资队伍的壮大和知名，形成"内培外引"相辅相成的局面。在未来的发展过程中，加大对高技能人才、高学历人才的引进力度。并在学校范围内制定科学、合理的人才评价体系吸引真正有能力、有思想、有干劲的优秀人才加入。

第一，大力引进优秀人才。学校可以通过多维度引入人才，大力扩充思想政治教师队伍，对专业紧缺人才实行特殊政策照顾，向政府争取相应的扶持政策。

第二，优化思想政治教师岗位结构设置，鼓励思想政治教师积极评职称，鼓励思想政治教师提升学历，使高校思想政治教师的数量、质量达到相应要求。学校可以制定青年骨干成长计划、专业思想政治教师培育计划、新手思想政治教师指导计划等，帮助青年思想政治教师快速成长，帮助骨干思想政治教师进一步发展。

第三，改革评、聘制度，加强思想政治教师的考核制度，增加思想政治教师的活力，提高思想政治教师的积极性，提升学校思想政治教师队伍的发展，引导思想政治教师立德树人。学校要引导思想政治教师将自身研究与教学相结合，将相关的教育研究成果或信息转化成教学动能，用最新的、最先进的知识代替陈旧的、老套的教育信息。并且，加强对外合作与互动，引导高校专业思想政治教师积极参与对外合作、对外交流以及相关教育教学培训等，在行动中、在实践中、在学习中逐步提高自己的能力。

第四，高校还要引导思想政治教师以小组、团队的形式活动，促进教育合力的形成。一是建规立制，在小组、学院或学校内部建立高度合作的校内教学团队。二是校内的思想政治教师以责任共担的方式进行思想政治相关课程的建设和专业建设，进一步完善思政教育课程体系。

3. 强调尊师重教观念

当前，社会对思想政治教育格外重视，国家和各级政府要履行其责任，大力投入，加强各类学校和教育机构的师资力量建设，努力培养一大批高水平思想政治教师。长期以来，社会上对思政教育形成了消极认知和一些偏见，政府部门应该不驰于空想，不骛于虚声，深入社会，走进校园，走近思想政治教师，掌握一手资料，摸清真实情况，研究解决思路，找出切实贯彻路径，让广大思想政治教师普遍受益。

具体来说，政府应该在一定程度上给予企业税收优惠或将原有税收反哺教学。政府要加强顶层设计，增强思想政治教师队伍的吸引力，提高广大高校思想政治教师尤其是青年思想政治教师的生活待遇，让广大从业思想政治教师有荣誉感、获得感、成就感，吸引更多的优秀人才加入思想政治教师队伍。当然，提高思想政治教师的待遇，营造良好的"尊师重教"氛围是一项艰巨工作，也是相关部门不可推卸的责任。

（二）面向"双师"需求，全面强化职业技能

1. 促进思政教师进行角色与文化转型

转变思想政治教师角色，改变传统教学方式与方法已成为当今思想政治教育改革的趋势，思想政治教师不仅仅是要教授相关技术，还要"传道授业解惑"并且需要调动多种因素，让学生积极主动学习。本研究认为，目前的高校逐渐向培养技能型、复合型人才转型，对"双师型"思想政治教师需求增多。当前的思想政治教师应该打破路径依赖，打破"铁饭碗"意识，以全面发展或双向发展为追求。不断加大教育教学的改革力度，践行"理论学习+实践锻炼+面向社会"的教学模式，实现自我的改造，保证学生理论素养、教学技能和创新创业能力的全面培养。

2. 分类培养提高思政教师专业能力

为了更有针对性地提高高校专业思想政治教师的素养，提升其教育教学能力和核心竞争力，本研究认为应该从如下方面开展相关培训与培养工作。一是加强专业思想政治教师核心素养的培训。结合思想政治教师专业素养结构对相关培训课程进行改造、整合，优化原有的课程体系和教学模式，让专业思想政治教师在职业道德、专业技术、创新能力与信息能力等方面得到切实提升。学校还要组建教学改革研究小组，通过高校思政课堂观察、问卷调查、访谈等多种方式收集一手资料，充分研究专业思想政治教师的发展需求和制约因素。根据学校条件和思想政治教师差异，制定分层、分类、专深的教育计划并全面改造肤浅的课程。

二是加大教学规范与教学实践要求力度。高校应该制定详细的奖惩政策和支持措施，规范办学，规范教学。例如，制定《学校思想政治教师发展五年规划》《思想政治教师教学规范与指南》《学校教学奖惩办法》等，并切实用于学校管理中，在有条件的情况下全程跟踪这些方案的实施过程，及时予以修订、完善，确保相关政策的操作性和实用性。

三是加大青年思想政治教师的培训力度。本研究认为，高校应该重点培训缺乏企业实践经验的中青年思想政治教师，思想政治教师第一年主要

用于跟班听课和下企业实践锻炼；每三到五年轮流安排专任思想政治教师必须有半年到一年的时间下企业进行"定岗定责"的实践工作训练或到政府、行业挂职锻炼。寒暑假集中安排专任思想政治教师和兼课思想政治教师短期强化实践训练项目。还要制定《双师素质思想政治教师认定标准与管理办法》，鼓励思想政治教师参加行业资格证书考试，参与企业横向课题、应用技术开发等项目研究以及多渠道开展社会服务，并进行必要的监督和约束。定期举办"思想政治教师职业技能大赛"，对思想政治教师的实践能力进行公开的考评，对获奖者加大奖励力度。

3. "工教结合"提高思政教师"双师"素养

高校还可以基于"工教结合"构建的符合学院特色和思想政治教育发展规律的师资队伍培养模式。充分利用院内外多样化培养平台，将思想政治教师的企业实战能力培养与专业教学能力培养高度融合，整体提高师资队伍水平来满足优质思想政治教育的需要。通过"工教结合"的师资培养模式，充分利用现有校内生产性实训基地的优势，积极拓展与政府、知名企业的合作，共建"双师"素质思想政治教师培养基地。所以，我们建议高校制定"校企共建师资培训基地管理办法"等制度，在企业设立"思想政治教师工作站"，制定"思想政治教师企业实践工作量"并纳入思想政治教师的年度考核范畴，进一步实践"工教结合"的师资队伍培养模式。

为了全面深入推进校企合作，做到整体规划，统筹安排，使工作富有成效，高校应建立健全校企合作工作联动机制。高校校企合作工作归于校企合作处统筹规划、管理，各部门指定一名副职以上领导负责校企合作工作，具体负责推进、管理本部门的校企合作工作。校企合作处与各部门形成联动，加强沟通、协作，以思想政治教师跟岗培训、挂职锻炼等多种方式开展合作交流，共同促进学院校企合作工作向深度和广度发展。例如，某学院与"港铁公司"校企双方以广东省铁道学会为桥梁和纽带，加强校企合作并持续开展多年。学院先后为港铁公司开办在职职工培训班 21 期，联合开展了多项科研课题研究，并不断与港铁轨道交通（深圳）有限公司（香港铁路有限公司全资子公司，以下简称"港铁（深圳）公司"）开展订单式人才培养合作。为了稳定并不断提高毕业生就业率和就业质量，近年来，学院十分重视铁路和轨道交通就业市场的开拓，广开就业渠道，通过走访洽谈，先后与近 30 家地铁（轨道交通）公司建立了合作关系，开展订单式人才培养。这种模式不单单是促进了学生的发展，学校思想政治教师也在合作中获得成长。

另如，某高校铁道电信系与地方电务段签订校企合作，校企双方在合作育人、资源共享共建、新技术研发创新等领域取得了实质性进展。合作以来，双方多次深入交换意见、深入调研，共促校企合作创新平台建设，并加强实训室建设。作为校企合作的重要平台，地方电务段在该学院内设立了劳模创新工作室、技能培训工作室，工作室以"创新发展、培育人才"为主线，以校企合作开展技术攻关为载体，突出解决生产实际疑难问题，充分发挥劳模先进示范引领作用。这极大地满足了在校学生学习、职工来校培训和举办各级技能竞赛的需求。校企双方还会继续在实习实训基地建设、新技术创新开发、师资互派等方面展开合作，为共同培训技能型人才提供有利环境。

4. 激发高校与思政教师的工作创新活力

《中国教育现代化2035》明确指出，各级政府要以思想政治教师教育转型发展为政策导向，逐步加强思想政治教育的现代化，打造新时代的大国良师，对此，需要政府部门进行顶层设计并大力调控。如此一来，政府须通过全方位、多维度的统筹管理来提升高校专业思想政治教师的职业发展，提高高校思想政治教师的职业素养。作为政府，应该在"放管服"等方面着力引导高校发展，引导思想政治教师职业素养提升。例如，主管部门应该调研相关院校关于师资培训的成功经验，结合高校实际，出台一系列政策，为学校的人才引进提供保障。鼓励、督促思想政治教师到现场培训、学习，增加思想政治教师的培训规模以及培训经费，加强对"双师型"思想政治教师队伍建设的支持。政府尤其是地方政府需要在国家教育方针和教育战略的基础上，切实贯彻高校的办学自主权，出台相关措施鼓励并深化高校开展综合改革，加强思想政治教师职业素养，全面提升思想政治教育水平。多方筹措资金并提供宽松办学环境，激发高校办学活力和思想政治教师的教育动力。

举例来说，政府可以给予学校一些优惠措施，在"一带一路"背景下开展技术帮扶，让老师走出国门，获得更多锻炼。

（三）走出传统观念，全面提升创新素养

社会急速发展，故步自封与因循守旧的教学、科研工作已经难以跟上

时代要求，高校专业思想政治教师是学生的楷模也是时代发展的主力军，提高自身的创新素养以更好地适应、改造社会是其今后的重点工作之一。

1. 落实"三进三出"策略，提高思政教师理论修养

所谓"三进"，是指思想政治教师要进项目、进团队、进企业，逼迫自己在研究和实践中提高理论修养；"三出"，是指思想政治教师出想法、出成果、出规划。高校专业思想政治教师的立德树人任务极为艰巨，要想方设法教育好学生，并根据自身的学术背景和特长生产一定的科研成果或教学成果，当然，这还要以思想政治教师长远的、系统的规划为前提。

当前，高校面临深刻转型，育人理念也发生了深度转变。高校的专业思想政治教师不仅要具备以往思想政治教师所具备的教学能力，甚至还要有科研能力及组织能力等。其不但要懂得技术的相关理论知识，同时也要具备相关的实践能力或有实践经验。多数学校都将"双师型"思想政治教师队伍的建设视为高校实现人才培养目标、形成办学特色的关键。所以，高校思想政治教师"双师"素养的提升刻不容缓。一是引聘结合，引进高层次、高技能人才，进一步优化高校师资队伍结构。二是加强产学研合作和校企合作，多种措施鼓励专业思想政治教师到企业兼职、挂职，充分参与企业的项目和课题的研究与开发。三是"名师"引领，发挥名师的示范作用和影响力，加强梯队建设，培养技术强、素质高的"专业带头人"与"青年骨干"。四是根据青年思想政治教师的兴趣与专长，引导青年思想政治教师进企业、进公司，鼓励青年思想政治教师走进实践，尽快成长为名副其实的"双师型"思想政治教师。

2. 建立竞争机制，唤起思想政治教师的创造性

笔者通过查阅相关文献和研究国外优秀高校的案例发现，国外高校的教育极具市场观念，在引进优秀思想政治教师、优秀技能人才从教方面的力度较大。所以，笔者认为高校思想政治教师基本素养的提升首先需要的是优秀人才的引进和引领，然后在此基础上进行优秀人才的培训和锻炼。

兼职思想政治教师作为高校师资队伍的一大力量不容忽视。高校应该通过兼职思想政治教师补充现有师资力量的不足，如此一来，也可以引发一定的竞争效应，间接激励专职思想政治教师的迅速成长。高校要对兼职思想政治教师职业教育理念、职业道德和教学技能进行培训。同时，组织上岗认证，对合格的兼职思想政治教师颁发学校的兼职思想政治教师资格

证；鼓励兼职思想政治教师与校内思想政治教师"结对子"，在教学设计、高校思政课堂教学、实践教学过程中相互交流、帮助，共同促进教学质量提升；充分利用兼职思想政治教师的实践经验，选聘经验丰富的兼职思想政治教师参与实践技能课程的教学并形成长效机制；给兼职思想政治教师发放补贴，保证兼职思想政治教师队伍的稳定性。高校还应该提供平等的机会和平台，尊重思想政治教师个人意愿和职业生涯规划，通过选拔派送、推优推先等工作为校内思想政治教师进修、培训提供更多机会。这都是缓解当前高校师资力量薄弱并激发本校思想政治教师活力的好办法。

3. 政府适当干预，激活思想政治教师创新动力

政府应该加强管理，促进思想政治教育资源的整合。相关政府部门要出台系列的、周密的规章制度，放权给学校、给企业，让其不仅有享用职业技术人才的权利，同时还要肩负培养、培训教育技术人才的义务。让那些有资格参与校企合作培养教育技术人才的企业充分发挥自身的资源优势和平台优势，加大人才培养力度以及大力吸收高校思想政治教师跟岗学习或挂职锻炼。当前社会，在一些企事业单位、政府部门相关优质资源极为充分，政府应该有所作为，加强对优质资源的管理与整合，让优质教育资源为高校思想政治教师所利用，最大程度发挥优质资源的应有之义。

（四）响应时代号召，提高思想政治教师信息素养

高校专业思想政治教师信息素养的提升极为必要，相关的调查与访谈也指明了其重要性。例如，思想政治教师需要借助互联网等进行教学资源的收集与整合，借助信息技术进行课程教学的改进与实验，借助新技术进行教育教学的研究等。所以，获取新信息、整合教育资源、应用网络工具、改进教学设计、改革高校思政课堂教学、改革教育评价以及加强终身学习等都需要信息素养的参与，并以信息素养的提升为基础。

1. 充分利用互联网，提高信息的搜索与加工能力

一方面，当今信息社会的飞速发展与以往任何时候都不一样，提高教师信息技术应用能力已成为重要课题。以往的学校教育，思想政治教师获取教学信息基本都是通过教学参考书、报刊、杂志以及个人经历等常规途径。而今，除了上述的常规途径，高校的思想政治教师还可以从互联网上获取大量相关信息和知识。但现在的网络信息量大、类型多样、良莠不

齐，因而，高校思想政治教师从互联网获取教学的能力及其筛选信息的能力就变得格外重要。首先，思想政治教师要具备一定的信息检索能力，以便在信息爆炸的时代更快速、更便捷地搜索到信息。思想政治教师要学会运用搜索引擎、学术资源库等，精准搜索想要的教育资源并进行下载或转载。其次，要具有快速浏览信息的能力与鉴别力，以便在海量的教育信息中获取最有价值的、与自身教学最贴切的教育资源。这需要思想政治教师坚定立场、明确目标，排除不健康信息影响，加以适当的学习和培训。

另一方面，思想政治教师要广泛收集信息，提高教育资源的整合效果。高校专业思想政治教师所面临的任务不仅仅是传授知识或信息，在操作层面也需要引导高校大学生。思想政治教师此时在互联网获取的教学资源并不一定完全适应学校教育目标或课程建设目标，要想有效利用这些资源，还要进行相应的资源整合，包括教育资源的筛选、重组和运用。首先，思想政治教师要依据培养目标或课程计划，按照资源的优劣、真假、善恶等进行价值判断，将大量的与其教育教学相关性不大的教育资源进行剔除，保留最有价值、最为正确或合理的资源。然后，对筛选之后的教育教学资源进行编辑、加工与整合，逐步形成内容上、逻辑上和形式上较为统一的、个性化的教育新资源，力争将其融入自身已有的知识体系中或重构知识体系。最后，就是加强对资源的应用能力，即思想政治教师依据相关的目标或要求进行教学设计，合理分配教育资源，帮助学生进行资源整合，提高学习效果。

2. 引导思政教师利用网络工具，提升思政教育效果

一是加强学校教育的信息化建设。信息化社会的到来，冲击力巨大。这需要思想政治教师具备极强的信息获取与驾驭能力，也需要思想政治教师学会利用网络、网络工具进行教学。现代社会不单单需要智商和情商的较量，更需要学会利用工具，学会站在巨人的肩膀上学习与实践。较为基本的工具就是获取信息的工具，如搜索引擎、专业网站等，利用这些工具，可以为获取各种教育信息、教学资源提供极大的帮助。除此之外，还有处理信息的工具，如常用的微软的办公软件，开发多媒体课件的 Authorware，处理数据的 SPSS，制作动画的 Flash 等。政府、学校可以组织适当规模的高校思想政治教师进行集体学习、网络研究，提高他们对信息技术和相关工具的利用率。

二是鼓励思想政治教师利用网络，加强教学设计。优秀的培养方案好比是菜单，优质的资源好比是各种食材，但如何去加工制作、为谁加工、加工的程度如何等不能忽视。这就需要思想政治教师基于高校学生的专业特性进行教学设计，而且是基于现代信息技术进行设计。因为，当前的信息技术环境中，传统的高校思政课堂讲授制开始动摇，基于网络环境、智慧高校思政课堂等重新拟定教学目标、教学内容和教学方法并及时进行诊断与评价是思想政治教师的必备技能。今后需要加强相关能力的培养与培训，让思想政治教师学会借助现代信息技术开展教学设计。除此之外，现代信息技术进入高校的教育教学，冲击了知识信息的传递方式、冲击了高校大学生和高校教师关系。在思想政治教师与学生之间加入信息技术或媒体这一中介，这就倒逼思想政治教师加强教学设计，否则很有可能出现思想政治教师卖力教，学生却不愿学的情景。原因是教师原有的信息量已经难以满足学生的需求，难以唤起学生学习的兴趣。事实上，思想政治教师不需要惧怕网络技术。学习并运用网络技术对我国高校专业思想政治教师是有极大效益的，首先可以将学习目标任务化，将学习内容问题化，将学习活动趣味化，将教学评价过程化，实际上引起了高校思想政治教师在教学观念、教学模式等方面的变革，但设计这样的高校思政课堂教学绝非易事。

三是基于现代信息技术，改革高校思政课堂教学模式。一些学校以培养某专业技能人才为主，纯粹的知识讲授或理论传授已经难以适应其职业要求，完全的现场学习或实践也不现实。所以，学校或高校思想政治教师可以借助虚拟现实技术等信息技术，摆脱教材、黑板的束缚，让学生在视听各环节都能参与到思想政治教师的教学中。除此之外，思想政治教师还可以利用翻转高校思政课堂等方法引导学生学习和参与竞争，增强其对知识的理解。

3. 加强信息技术培训，培养终身学习意识

随着科学技术、信息技术的突飞猛进，"互联网+"、人工智能、虚拟现实技术等的更迭，愈发需要思想政治教师不停地学习，学会学习，终身学习。在这种背景下，专业思想政治教师应该树立终生学习的理念，不断利用各种机会、各种媒介进行学习。其次，高校专业思想政治教师要善于运用现有的网络资源并学会使用网络工具，进行检索和信息处理，及时调

整学习方法、学习计划，改进知识结构，扩充知识库，最大限度地运用网络资源。思想政治教师也可以借助学院的"思想政治教师信息化教学设计大赛"等平台加强学习、展示自我。

（五）提升高校思政教师素质的结论与展望

作为高校的重要组成部分，专业思想政治教师基本素养的高低在很大程度上决定了高校的发展、高校学生的培养质量并将进一步影响中国的工业化水平和国际竞争力。当今世界科学技术突飞猛进，学科间交叉融合趋势加剧，不论是中小学思想政治教师还是高校思想政治教师，都必须牢固树立终身学习、持续发展的理念，不断运用新技术、新方法、新手段，提高教育教学的能力。然而这一过程中，高校思想政治教师基本素养的提升也遇到诸多瓶颈，需要进一步克服。

首先，政府尤其是地方政府对基础教育和普通高等教育较为重视，多年来相对忽视职业教育造成高校发展的迟滞和高校思想政治教师专业素养培训的迟缓，一定程度上拖慢了思想政治教师素养的提升速度。高校之间则由于学校层次、办学实力与管理方式的差距，使高校专业思想政治教师的培养培训工作开展情况参差不齐。大多数高校形式上对思想政治教师培养培训较为重视，实际则对思想政治教师培养培训缺乏研究和认识，活动流于形式，缺乏计划，随机性较大，无法实现高校思想政治教师队伍整体水平的提升。

其次，高校专业思想政治教师对参加职业素养培训的意愿存在差异。多数思想政治教师的教学任务重，闲暇时间少，主动参加培训、主动参与实践较少。受功利主义思想影响，有的思想政治教师参加政府、学校组织的培训或实践活动，多是为了拿到相应的证书或者学分，或是为了满足评职称和申报课题的需求，没有了职称或经济利益的驱动，绝大多数思想政治教师不愿意主动参加培训、主动提高自己的技能和实践能力。这也督促政府和相关学校改变思想政治教师继续教育的形式，创新教育方法，让高校专业思想政治教师真正接纳相关培训活动。

最后，高校专业思想政治教师职业素养提升是一项系统工程，是一项长远计划，需要国家政策、地方政府、高校、思想政治教师与社会团体的共同参与、科学规划与持续促进，逐步实现高校专业思想政治教师在职业道德、职业技能、创新素养与信息素养等方面的综合提升，助力国家"双高计划"的顺利推进，培养更多优秀技能型人才。

第三节　高校思想政治教师队伍建设策略

一、提升高校思想政治教师的素质能力

（一）深化政治思想学习

如何提升高校思想政治教师队伍的整体水平和综合素质是党和国家面对的重要课题。新时代思政课思想政治教师必须具有较高的政治敏锐性，不断地坚定自身信仰，掌握从政治视角去审视问题的能力，尤其是在核心问题方面坚定立场，保持政治清醒。对个体而言，信仰对行为具有决定性作用。高校思想政治教师承担了弘扬马克思主义的历史使命，需要将马克思主义的核心思想和科学方法传递给学生，引导高校大学生坚定马克思主义信仰，坚定不移地走中国特色社会主义道路。如果思想政治教师存在照本宣科、有口无心的问题，或者是网上网下、课内课外的言行不一致，在政治立场上摇摆不定，上述行为不但无法取信于学生，也会丧失作为思想政治教师应该得到的尊重和信任。要"让有信仰的人讲信仰"，马克思主义信仰是高校思想政治教师的神圣职责，只有自身坚定信仰，才能传递信仰。

（二）强化专业理论知识

加强高校思想政治教师队伍建设必须要着手强化思想政治教师的专业理论水平，要求思想政治教师在高校思政课堂教学过程中可以通过逻辑完整的理论来回应社会热点和社会关切，深入浅出地展示马克思主义理论的真理性，通过全面发挥真理效应，来提升学生学习思政课的兴趣。在思政课教学过程中，思想发挥了基础作用，而思想政治教师则发挥了核心作用。思政课离不开思想政治教师深厚的学术能力和理论素养，思想政治教

师只有不断地积累和深化自身功底，才能实现学术能力的持续发展。

提高思想政治教师的专业理论知识，就必须加强思想政治教师的学习意识。高校要通过组织一系列相关的培养活动，利用各种有效形式，加大思想政治教师培训力度，切实贯彻教育部提出的各项要求，尤其是选送业务骨干参加中央党校和马克思主义学院的培训。思想政治教师要通过专题研修班的学习，以高标准要求自己，开阔自身的理论视野。要鼓励高校思想政治教师加强自我学习，不断提升学历，补充自己的理论知识，并通过理论学习和实践的结合，组织开展各项调查活动，全面了解中国共产党在各个阶段的发展历程，在不同的对比分析中总结经验、梳理不足，强化优势，通过坚定四个自信为中国特色社会主义的发展提供思想保障，并将这种自信通过高校思政课堂教学传递给广大学生，引导高校大学生形成先进的意识形态，坚定共产主义信仰，坚定不移地走中国特色社会主义道路。

（三）创新教学思维方式

思想政治教师在学习过程中必须加强思维创新，以辩证思维和唯物主义思维来应对出现的疑难问题，通过不断的改进高校思政课堂教学效果，激发学生的学习兴趣，帮助学生形成正确的信仰和意识形态，掌握先进的思维方法。思想政治教师"思维要新"，其关键在于方法论的正确性，在方法论的指导下开展相关活动。目前，党和国家在这一方面的工作主要集中在三个方面：第一，高校思政思想政治教师必须立足马克思主义理论的指导价值，在历史研究方面坚持辩证唯物主义和历史唯物主义，由此更加深刻地认识到历史的发展趋势，实现历史和实际相结合的策略。此外，相关媒体还需要占领好舆论高地，切切实实地讲好中国故事。第二，在高校思政课堂教学过程中引入创新思维，通过新技术和理念的应用，"用好高校思政课堂教学"。第三，思想政治教师应该强化自我价值，满足新时代的发展要求，突出高校思政课堂教学的核心价值导向。通过教学创新，改善大学生的高校思政课堂体验，提升学生的政治水平，帮助大学生了解国际形势。

（四）加强职业道德素养

对于思想政治教师而言，加强自身职业道德建设具有重要意义。社会发展和经济建设都离不开专业技术人才，而道德水平较高，德才兼备的思想政治教师才有助于正能量的产生，进而潜移默化地影响着学生的世界观、价值观，不断地向社会输出德才兼备的人才，这对于提升我国思想道德建设具有重要意义。首先，高校思想政治教师必须认识到职业道德素养在教学过程中的重要性，通过提升自身人格魅力，在高校思政课堂上取得更好的教学效果。年轻思想政治教师应该积极学习、提高自我，发挥中流砥柱的作用；年长思想政治教师则需要发挥自身的经验优势，在思政课开展过程中继续发挥余热。高校思政课应该始终坚持以学生为中心的教学原则，不断地向学生传达关心、关爱、关怀，最大限度地发挥教育优势，在学生成长和发展的过程中发挥引导者的作用。思政思想政治教师必须充分贡献自己的力量，在教学研究过程中投入更多的知识和心血，引导高校大学生以更积极的心态来应对疑难问题。

二、加强高校思政教师队伍的教育培训工作

（一）组织开展社会实践活动

任何理论知识都必须应用到实践才能真正发挥其价值，所以，高校需要组织开展相关的考察和实践活动，通过岗位锻炼来提升思政教育队伍的综合素质，切实加大高校思想政治教师队伍建设力度，促进我国高校思政课教育的发展。

为实现高校思政课教育目标，高校思想政治教师在参与社会考察和实践过程中，必须全面深入地了解社会生活，充分掌握社情民情，唯有如此，才能更好地利用马克思主义的辩证唯物主义和唯物历史主义来解决相应热点问题，树立教书育人的使命感和责任感，培养家国情怀。除此之外，要通过丰富多样的社会实践和学习考察活动，让思想政治教师在实践体验中升华自身的价值认同，用自身的亲身感受丰富思政课的教学资源，增强思想政治教师的高校思政课堂信服力，达到说理与用情相统一，真正做到"以理化人、以情动人"的效果，以此实现在社会实践与学习考察中加强对思想政治教师的培训目标。

（二）完善高校思政教师队伍的培训体系

推进新时代高校思想政治教师队伍建设，必须想方设法提高思想政治教师队伍的知识水平，这就要求我们必须制定合理完善的培训制度，通过定期学习和不定期研讨等多种培训形式，发挥好培训对提高思想政治教师素质的基础作用。要逐步健全完善国家示范培训、省级分批轮训、学校全员培训紧密衔接、相互补充的三级培训体系。要合理设计培训内容，丰富和完善培养形式，科学合理地编制培训内容，形成具有针对性的教材，以便满足不同层次的训练要求。各级部门积极贯彻党中央的整体部署，由教育部统筹安排，组织开展一系列的思想政治教师培训活动，尤其是加强科研骨干的培养，为高层次思想政治教师提供更多的培训渠道，扩展其发展空间。通过整合思政课科研骨干和干部培养机制，实现资源的统筹利用，提升了政治培养资源利用的合理性。要形成完备的培训体系流，建立"岗前培训—培训反馈—职业技能培训—培训反馈—职业再培训—培训反馈"的培训机制。

三、建立思政教师队伍部门协同机制

在高校师资力量捉襟见肘的背景下，整合思想政治教育资源，建立思想政治教师队伍部门协同机制尤为重要。

首先，要为思想政治教师自身发展提供长效机制，为实现这一目标，高校需要加强平台建设，扩展高校思想政治教师的发展空间。同时，在制度上消除限制，帮助思想政治教师实现持续的发展。目前，重科研轻教学的问题比较突出，思想政治教师队伍中也存在被动教学和应付教学的问题。高校必须采取切实有效的措施，转变这种不利态势，激发思想政治教师队伍的创造性和主动性。

其次，要为思想政治教师提供良好的教学科研环境，确保思想政治教师可以专心投入教学、做好研究，通过引入整体水平较高的思想政治教师团队，切实提升教师业务能力及素质培养的整体水平，从根本上转变思想，维护各方面思想政治教育的效果。

四、推进高校思政教师队伍考核评价体系

（一）健全高校思政教师队伍的绩效考评方法

在思政课工作成效评价方面，绩效考核机制发挥了巨大作用，是提升思想政治教师教学质量的有效措施。高校应通过有效激励，提升思想政治教师的教学科研水平；高校需要立足科学的绩效考核体系，设计更标准化的指标评价体系，建立健全绩效机制。为激发思想政治教师的工作热情，在考核过程中必须结合思想政治教师职责履行情况以及教学业绩，始终坚持"效率优先，按绩分配，优绩优酬"的原则，切实改善授课思想政治教师的竞争意识，提升整个学科建设水平。在思想政治教师绩效评价方面，坚持"公平、公开、公正"的基本原则，最大限度地保障绩效考核的公正、公平、公开以及透明化，确保思想政治教师没有后顾之忧。如果绩效考核表现较好，则需要给予一定奖励，以便激发思想政治教师潜力，提升其教学积极性。尤其在思政教学成果的考核中，需要考虑的因素更加复杂，任何单一方面的指标都具有一定片面性，考核误差将难以避免。因此，可以将科研成果、教学成绩、社会服务活动等折合成一定分数来考核思想政治教师教学活动。在绩效考核结束之后，高校需要根据绩效考核的结果来确定薪酬、职位发展、福利津贴等。通过确保绩效考核的全面性和客观性，促进思想政治教师在考核机制下的全面发展。

此外，思想政治教师通过绩效考核活动可以更加了解自身存在的疑难问题，从而制定针对性的改进策略，以便实现更高的教学目标。高校可通过利用科学合理的方法，引入全面且有效的标准，不断优化高校思想政治教师考评体系，在指标量化的基础上，更加客观的评价每一个思想政治教师的绩效，进而提升思政课教学质量，提升思想政治教师的专业化程度。

（二）加强高校思政教师队伍的考评结果使用

考核是一种手段，而激励才是目标，在某种意义上，公正、公平、客观的绩效考核结果有利于优化高校师资力量结构，最大限度地激发思想政治教师的工作潜力，提升其授课积极性，促进思想政治教师队伍的不断发

展进步，促进高校整体工作任务和目标的高质量实现。所以，如果要调整思想政治教师的考核现状，不但需要对现有标准进行合理优化，还需要更加灵活地应用考核结果。对高校而言，需要将年度考核结果和职务升迁、级别高低等关联，有效发挥绩效考核结果的激励效果。同时，要善于运用考评结果，有针对性地分析在思想政治教师队伍建设过程中存在哪些共性问题，哪些个性问题，要积极同团队一起分析工作中的长处与不足，及时对不足之处进行反思与反馈，并提出改进的意见和行动计划，形成一种高效的发展性思想政治教师评价。

除此之外，高校思想政治教师队伍考评结果的使用必须要硬性条件加软性标准结合使用，硬性为主、软性为辅，以软性考核细则强化思想政治教师除教学业务能力之外的素质水平，促成思想政治教师多方面能力的综合发展，实现思想政治教师自身知识面的多维化。

五、完善高校思政教师队伍的激励和保障机制

（一）完善的保障机制

通过多种方式，提升高校思想政治教师的地位和收入水平，并在制度层面上提供更多保障。

首先，在组织层面上，由于高校思想政治教育事关我国意识形态安全性，具有一定的战略意义，有必要在组织层面上提供保障，实行"一把手"负责制。思想政治教师工作是高校工作的重要内容，应将其提上重要议事日程，明确各项相关安排。

其次，加强经费保障。一方面，合理配置资源，加大资源投入力度，在高校思想政治教育方面，党和国家提出了明确要求并进行了整体部署，而实现预期目标必须加强相关投入，以便确保相关决策的切实贯彻；另一方面，需要对经费结构进行优化，提升资源利用的针对性和有效性，弥补思想政治教师队伍建设的薄弱之处。

最后，加大监督力度，无论是提升思想政治教师的待遇和地位，还是增加经费投入，大力表彰优秀思想政治教师，所有过程和行为都离不开监督保障。所以，只有不断加强监督保障，才能真正提升思想政治教师的地

位。在社会主义现代化建设新时期，高校思想政治教育承载了更多的责任，只有通过建立完善的保障体系，才能切实促进师风师德的弘扬，提高思想政治教师的地位和待遇，促进高素质、专业化、创新型思想政治教师队伍建设，才能使得思想政治教师队伍不断向社会建设输出优秀的、合格的人才，培养满足时代要求的中国梦实践者。

（二）完善激励机制

合理的激励是队伍建设的重要手段。完善激励机制，要实现合理考核和有效激励的深度融合，消除以工作年限、年龄的资历排辈论序和以维护集体为借口的平均主义，消除以职务任命长期不变动的"终身制"等不合理现象，建立起"能进能出、能上能下、能高能低"的科学合理、竞争上岗的激励机制，增进思想政治教师自我发展动力，激励优秀的思想政治教师在教学中充分发挥教学优势。在专业技术职务评聘考核中，要单设马克思主义理论与思想政治教育类课程，且确保指标的不可挪动性。同时，根据规定，思政类专业技术职务的比例需要在平均水平之上。其次，在激励机制的设置方面还应按照一定的考核比例，从思想政治教师的专业知识、科研能力、教学技能等多方面入手对思想政治教师的素质进行综合评聘。一方面鼓励思想政治教师主动承担科研任务，另一方面加强思想政治教师的教学实操能力，避免部分思想政治教师重科研轻教学或者重教学轻科研的失衡状况。对于表现较好和有特别贡献的思想政治教师，加强其表彰力度，积极树立典型，通过设立"名师工作室"、给予经费支持加大宣传力度，充分发挥优秀代表人物的示范引领作用，不断增强思想政治教师对教学、学科和学院的归属感、责任感。

第四章 新时期高校思政课程实践 教学理论

"纸上得来终觉浅，绝知此事要躬行"①，古人很早之前就告诫我们"实践出真知"。在新时期，高校思想政治教学不仅重视理论知识的传授，更看重实践教学的落实。本章为新时期高校思政课程实践教学理论，主要说明高校思政实践教学所面临的问题，实践教学中应遵循的原则，以及新时期思政实践教学的主要方向和理念，以为实践教学的开展提供理论指导和宝贵经验。

第一节 新时期高校思政课程实践教学 面临的问题

随着我国经济社会快速发展，社会的整体形势也随之发生了巨大转变，在这种背景下，高校思政教育的影响因素自然也与以往不同了。就业压力、网络舆情等因素往往会极大地影响思政教育的推进和发展。因此，应高度重视思政教育所对应的相关影响因素及疑难问题，这对加强和改进思政教育工作具有重要的现实意义。

一、社会背景对思想政治教育造成的影响

我国正处于社会转型时期，社会分层是当代中国社会发展的客观现

---

① 出自《冬夜读书示子聿》，作者陆游.

象，在社会分层的背景下，高校大学生群体发生了新的变化，给高校思想政治教育工作带来了挑战。具体表现如下。

（一）价值多样的渲染

由于社会分层，价值观也更加多元化。价值的多元化导致一部分学生的价值选择受到消极思想影响，过于注重个人得失，丧失了对国家和社会的责任感和使命感，不具备奉献精神。除此之外，由于价值多元化的冲击，社会上一些人为了追求个人利益，利用不法手段实现其目的。这些行为严重地破坏了社会秩序，同时给处在思想塑造期的大学生造成了很大的负面影响。

1. 社会分层与价值多样化

社会分层与价值多样化存在着内在的必然联系，它们是相互作用、相互制约的关系。

首先，社会分层必然带来社会观念形式的多样化，价值观念的多样化是社会分层的重要特征。在社会分层背景下，社会价值观的多样化要实现的是社会观念和社会关系的重新调整及其稳固，新的社会力量已冲破了原有的社会观念的束缚，原来的社会结构系统已经不能适应新的社会生产发展的要求，在新生的社会观念成长到能够影响社会主流价值观改变情况下，社会分层的影响便随之而来。社会观念及其关系随着社会分层的展开进行调整，这个调整过程既是矛盾的过程也是矛盾的结果。人们在原有体系下形成的价值观念，已经不能适应新发展的需要，这就必然要突破旧思维的束缚，不管这种突破是主动的还是被动的，都无法动摇向新的价值观念转变的意志。但在社会分层中各种社会利益的存在导致人们的价值观是矛盾的，因此，价值观念在新、旧社会形态中的更替势在必行，更替的过程会很激烈在所难免。

其次，从一定的角度来看，社会价值观念的多样化是社会分层的发起力量，社会价值观念的变化和冲突对社会分层起了一定的促进作用。新型社会形态或其因素在确立的过程中必然会引起争执，反映在社会价值观上就是促使其多样化和冲突，新的社会力量促进社会向前发展，人们在适应的过程中对新事物的争执是人们对新事物认知的副产物。所以，在社会价值观念的多样状态下，其矛盾越是尖锐，越能更大地、更快地、更深刻地促进社会分层。意识的相对独立性就清楚地说明了人们思想观念的变革会影响社会的变化和发展。社会生产及其关系对社会变革提出的新要求首先是对新体系的要求，是对社会变革提出的新主张，所以，从认识层次初始分析，价值观念的多样化和冲突是社会分层的发起力量。

总之，社会分层与价值多样化是密不可分的关系，它们相互影响又相互制约，没有社会分化就没有价值观念的多样化。同时，价值观念的多样化又会成为社会分层前进的重要精神力量。

2. 价值多样化的表现

社会结构系统与社会关系是密切相连的，社会结构影响社会关系的形成和发展，同时社会关系也制约社会结构。因此由我国社会分层衍生的现象可想而知。我国社会分层及其引起的价值的多样化主要表现在以下几个方面。

（1）社会异质性程度提高和错误价值观的影响

"异质性"是相对于"同质性"的概念来说的。在我国现阶段的社会分层背景下，无论是社会结构还是社会生活方面，都逐渐改变了原来的同质、单一、简单的模式，转向异质、多样、丰富的形态，社会各阶层也处于不断地分化与重组的过程之中。社会分层中社会权利和社会资源的转移和重新分配，使原来社会中处于相对稳定的社会意识形态发生了变化，使得社会诉求不再是统一、同向的。

当前，部分大学生群体由于受到各种繁杂的思潮和信息传媒的影响，他们迷失了自我，以致在价值取向上误入歧途。

（2）社会多种思潮的渗透和信仰危机

一般来讲，在常态社会运行过程中，社会的价值信仰体系是保持社会同一性、增强社会凝聚力、保持社会稳定的基本的整合力量。在社会分层背景下，社会的结构系统不断地被分解为新的社会要素，传统的价值体系无法把这种新的价值观念、思想体系纳入自己原有的体系之中，因此，根基于社会主义和谐社会的一系列观点和信仰在这样的状况下面临一定困境。在社会分层背景下，人们的思想呈现出多样、复杂的状态，有时甚至是矛盾的，有传统的价值观念，也有新的思想风潮，其中还受到外来文化的冲击。各种观念矛盾日益尖锐的根源则是社会结构的变化。由于社会各阶层、各种利益结构等各方面的变化，原来主流的价值观念也不可避免地受到冲击和挑战。

（3）社会成员内心的价值冲突

社会分层不仅体现在复杂的社会结构上，而且表现在利益的转换和调整上，所以，在社会分层之时，人们心中形成的非主流价值观念与主流价值观念对抗并冲突，这种冲突不仅存在于不同的群体之间，也可能在个体观念中产生。社会分层中的价值多元化表现为传统的价值取向与现实价值观的矛盾运动、力量消长的一个变化过程，这种矛盾也存在于人们的内心之中，具体表现为对社会权威价值主张的肯定或否定难以取舍，并且在对待传统价值观上多数人表现出不能轻易割舍。

（二）思想政治教师情绪的感染

在社会分层的背景下，高校思想政治教师队伍建设还不够完善，尤其在思想政治教师自身建设方面比较欠缺。教书育人是思想政治教师的职责所在，教授课本知识只是教育的一个方面，人格的培养也是非常重要的一个方面。思想政治教师本身的行为和修养，都会成为学生的参考对象。目前有小部分思想政治教师存在只注重自身业绩，只看重自身利益，不注重学生的品德培养的现象。这些情况，都无形中对学生产生了误导，使学生的人生观和价值观产生偏差。

1. 思想政治教师心理问题

在社会分层的冲击下，教育界也受到了一定影响，思想政治教师的内心很容易发生波动或倾斜，由此加剧了内心的冲突。社会分层所引发的问题如不能很好地解决就会影响思想政治教师的心理健康，也势必影响教育这份长久的、伟大的事业。虽然思想政治教师心理问题表现的程度不同，试问受教育者在这样的环境中如何让其健康地成长？

2. 思想政治教师语言暴力

思想政治教师语言暴力有显性和隐性之分。显性语言暴力，即思想政治教师所用的语词在意义上的暴力指向明确，多体现为直接的攻击性语言，往往配以激烈严厉的音调，而这种音调反过来又促使语言暴力不断升级。比如，思想政治教师直接用带有侮辱性质的词语对学生进行谩骂、惩罚。

反之，隐性语言暴力就是思想政治教师话语的内容虽然比较含蓄，词语未必涉及明显的攻击性用语，但在逻辑上却体现出对学生的暴力。例如，思想政治教师在高校思政课堂中对回答问题却答得不太好的学生不给予鼓励而是很不耐烦地将其打断，或者对学生的提问置之不理。

可以说，思想政治教师的语言暴力对于学生的伤害不仅仅是心理的，更严重地可能还会造成生命的陨落。

3. 思想政治教师职业倦怠

社会分层带来的负面影响使得小部分思想政治教师不再单纯地为教育事业甘为孺子牛，而是以工资或者教学环境为目标向往更好的地方。追求更好的本没有错，但部分低收入的思想政治教师会认为工资与付出不成正比，因此出现了教学松懈的现象；或者认为教学条件不好产生厌倦学校的情绪。思想政治教师的该种职业倦怠现象其实是思想政治教师在长期压力体验下所产生的情绪、态度和行为的衰竭状态，虽然职业倦怠是一种必然存在的心理上和精神上的消极现象，但对于这种现象的发生不能任其发展，思想政治教师要学会自我调节和控制，不能因此而忽视对学生的教育和管理。

二、学校环境对思想政治教育造成的影响

学校教育是思想政治教育的主要舞台，面临许多不确定因素的困扰。诸如一些学校偏重物质环境建设，轻视精神环境建设；不注重制度环境建设，习惯于自上而下的刚性制度，缺乏人性化的柔性管理机制，制约了民主和参与创造精神；文化活动不够丰富，教育资源开发不足，内在资源未有效开发，内引外联结合不够；保障机制不健全，实践基地无法满足需要，经费投入不足，激励与保障乏力。思想政治教育工作，无论从队伍素质的整体状况，还是从教育形式、内容与载体看均存在不足，与学生的诉求差距甚远。

从思想政治教育自身的整体环境看，现状不容乐观，具体表现如下。

一是思想政治教育主导权威下降。当前我国思想政治教育在总体规划和阶段性层级建构不足，德育设置存在一定的水平性重复，存在典型的张

力失度，容易引起受教育者的情绪弱化甚至心理逆反。

二是僵化的传统思想政治教育思维影响甚深。思想政治教育是人们的一种社会实践活动。在传统思想政治教育思维框架下，思想政治教师视学生为被动的"产品"，注重思想政治教师权威。按照这种思维确立的教育模式，偏重上传下达，工具理性无限扩大，价值理性极度萎缩。学生和思想政治教师地位严重不对称。思想政治教师的主体和主导作用极强。

三是教育方式偏重单向强制理论灌输，缺乏民主平等的主体互动；教育方法较为单一，视角单一，缺乏多种方法和多学科视野；教育手段陈旧，现代化教育手段运用不够；等等。

三、教育主体特征对思想政治教育造成的影响

如今，"00后"的学生往往具备较强的自主学习意识与能力，而相比之下，高校在思想政治教育开展和实施方面的主动性就大大降低了。在这样的背景下，奋斗在教学第一线的教育工作者能够清楚地认识到"00后"的大学生群体比"90后"群体的自主学习意识更强。

在高度发达的信息技术的支持下，"00后"的学生拥有了更加合适的自主学习平台，并且这样的技术在现实生活中也得到高度的认可和应用，他们在生活中可以借助网络平台来完成吃饭、购物、娱乐、学习等各类活动。可以说，"00后"的学生在更新知识和学习方面的需求完全可以借助网络的力量得到满足，从某种意义上讲，思想政治教师在知识传授方面的角色已经可以由网络充当或是代替了。在这种情况下，学生对思想政治教师的依赖、服从和信任程度自然会有所下降。

第二节　新时期高校思政课程实践教学的
主要原则

一、引导大学生做到知行统一

思想政治教育教学绝对不是学习文件、学习材料，也不是从各个有关学科拼凑起来的知识的一个集合，它应当有一个自己学科体系。在这个方面，我们优秀传统文化中的教育思想有丰富的案例，可以好好研究。我们要打造中国特色思想政治教育体系。思想政治教育教学就是理学、心学，当然这只是借用，不是要复活传统的理学、心学，理学就是规律之学，心学就是修养之学，思想政治教育教学要围绕规律之学、修养之学，践行立德树人的职责、根本使命，来完成这个根本任务。知行统一原则就是思想政治教育教学所要追求最终目标。知行统一就是理论与实际相结合，思想政治教育的教学重点就是使学生的思想和行为在实践中达到一致，理论对实践有指导作用，实践是检验理论正确与否的唯一标准，马克思主义认识论中明确要求我们要用理论联系实际的方法去认识客观事物，这既是对客观事物进行正确认识的原则，也是构建任何教学体系都需要遵循的原则。

行动是获得知识的动力，思想政治教育教学作为指导教学实践行动最基本的理论指南，它首先必须是正确的科学的知识，进而又能指导教学行动的正确方向。思想政治教育教学与学生的思想行为密切相关，是培养学生的思想道德素质，使学生更好地认识社会主义主流价值观，形成社会所认同的思想政治观念，并用以指导实践，即教学就是转变或提升学生思想的过程，这一过程只有通过学生认知上的转变和提升才能实现，只有让学生在对正确的思想观念进行了解、学习的基础上，还坚信这一观念的真理性，并用以实践，形成知行统一，才能说达到了教学目的，知而不行，那"知"就失去其意义。对于思想政治教育教学来说，这样的教学就是失败的教学。知是前提，而行是目的，知行统一才能达到用正确的理论指导实践的目的。因此，遵循知行统一原则有助于思想政治教育教学实效性的提高与目标的达成。在研究思想政治教育教学时遵循这一原则可以在研究过程中避免教学中教条化、公式化的倾向，坚持这一原则是正确建构合理的保障，进而使其教学范畴有助于解决知与不知、行与不行的矛盾，而这样的才是科学的范畴。在思想政治教育教学中，要使学生对基本理论的形成、发展的过程有基本的了解。因此，要通过对理论产生的背景进行阐述，从而引领学生感受理论的形成、发展的过程。有了这样一个感同身受的接收过程，才能在获得知识之后有一个与知相一致的行，思想政治教育教学的构建也必须遵循知行统一的原则。

二、科学构建思政教学范畴体系

"教学基本范畴"既是对教学本质和普遍联系的认识而形成的一个"基本概念"，也是一种"体系"，一种由对教学的不断认识而产生出多个基本概念依照规则连接而成的"体系"。

我们要从教学的整体性、综合性出发，用运动发展和辩证联系的眼光去进行思想政治教育教学及其体系的研究，尽可能从多方面、多角度、多侧面对这一问题展开研究分析。思政教学范畴体系中的具体内容是变化发展的，并在一定条件下可相互转化，我们要用马克思主义对立统一的辩证思维方法去研究范畴与范畴之间、每一组具体范畴内部的辩证关系，不能把它们割裂开来进行研究，即从总体上研究和把握思政教学范畴体系的所有方面、所有联系和环节，促进范畴研究的全面发展。因为思政教学基本范畴是具有逻辑性的一个系统，其包含的每一组具体范畴都不是独立存在的，都是彼此相连、互补且有一个隶属关系的存在，是从简单到复杂、从抽象到具体的，并在教学实践的具体过程中，它们之间都不断变化发展。这也说明了教学实践环节是一个联系、发展的过程，我们建构范畴体系是要重点关注教学实践中种种现象之间的关系，才能从理论层面对教学的发展的不同侧面展开全面的阐述，进而更好地指导教学。

三、重视对思政问题的引导

我们要重视对思想理论领域疑难问题的引导，努力排解矛盾的负效果，倡导积极健康的社会心理，坚持思想政治教育教学导向指引性的实践指向。思想政治教育教学的实效问题、质量问题的出现是教学面临的重中之重问题，我们需要根据现实情况，在以问题为导向的原则的指导下展开本论题的研究。思想政治教育教学是指导教学解决实效性，达到质量标准的重要基础理论性的基本原则。

四、教育教学坚持开放意识

在对学科领域内的前沿问题展开研究中，要以开放的眼光看待疑难问题，吸收其他的学科知识的有益成果，完善自身，以平等的态度对待中西方文化，取其精华，去其糟粕，助力于马克思主义理论及思想政治教育教学的建设和发展。一是增强从交叉学科的视角进行思想政治教育教学研究的自觉性；二是思想政治教育教学要面向世界，放眼全球，这是促进学科综合化的现实需求，即在对教学的研究过程中要坚持全面性和联系性，以发展的眼光对待疑难问题的研究，以动态的方式对思想政治教学范畴进行构建，与实践相联系，用实践检验范畴的真理性。教学实践过程是一个运动变化发展的过程，在研究教学时，要重视对教学过程中研究对象与社会环境发生的相互联系、相互作用的关系的分析，其关系会在一定时期内保持稳定，但不会固定不变，由其形成的真理也是具有相对性，而对其的认识则是无限性的，即开放性。开放意识也是由思想政治教育教学的相对的利益性特征所决定的，思想政治教育教学是一个系统，必然具有系统固有的开放性。

五、坚持改革创新的理念

对教学理论的研究要持一种创新思想，要敢于打破常规，不破不立，只有打破，才能产生新东西。在研究过程中勇于吸收新思想、新元素，用兼具独创性、新颖性和开拓性的思维方式为教学发展创造内生动力。思想政治教育教学是与实践密切相关的，高校思想政治教师要根据学生的实际诉求，有目的有意识的进行改革和创造性活动。教学体系的建构本身就是高校教学基本理论的一个改革和创新，改革创新意识是由教学的相对的利益性特征所决定的，遵循改革创新意识，必须及时地更新新时代高校思想政治教育教学的基本内容，使之更加充满生机与活力。

第三节　新时期高校思政课程实践教学主要方向和理念

一、新时代高校思政课程实践教学的主要方向

随着我国综合实力的不断增强，特别是近年来我国积极参与全球治理，为世界繁荣稳定做出巨大贡献，我国的大国地位不断巩固已是客观事实。新冠肺炎疫情发生以来，我国积极承担国际责任，参与国际救援，分享防控经验，提供防护物资，塑造了全球领导者的形象。今后，我国将承担更多的国际责任。大国要有大国的样子，这不仅体现在国家层面，也体现在社会和个人层面。大国地位需要其国民也要具备应有的大国素质和大国风范。

随着国际国内形势不断发生调整，大学生作为实现中华民族伟大复兴的生力军，要不断在实践感知中提高自身的道德素质。高校要在大学生中牢固树立中国特色社会主义共同理想，大力弘扬社会主义核心价值观，以《新时代公民道德建设实施纲要》《新时代爱国主义教育实施纲要》为指引，努力提高大学生的道德素质。具体应该做到三个方面：一是要强调法治精神，教育引导高校大学生敬畏法律，既不能明知故犯，也不能因缺乏法律常识误入歧途。二是要培养吃苦耐劳的精神，广泛开展时代使命和责任意识教育，教育引导高校大学生懂得奋斗就是幸福的道理，克服惰气、

暮气、娇气，做到刚健有为、自强不息。三是要培养良好的审美情趣，通过开展形式多样、健康向上、格调高雅的校园文化活动，提高学生审美和人文素养，努力打造良好育人环境。

二、新时期高校思政课程实践教学的导向力

（一）推进思想政治教育科学理论时代化

任何一种思想的出现都是特定时代的物质世界和精神世界的反射，反射出时代赋予的任务和要求。推进思想政治教育科学理论时代化，即推进思想政治教育过程中马克思主义理论时代化。马克思主义科学理论能够拥有强大生命力，历久弥新，正是因为其不断符合并适应时代提出的新要求、融入时代新元素并回答时代提出的新课题。推进高校思政教育科学理论时代化是高校面临的新的历史课题，高校思政教育的实效性正是体现在时代化。首先高校务必要重视理论内容的创新，紧跟时代发展的步伐，把握时代本质和时代发展趋势。高校对大学生而言是党和国家重要的"传声筒"，是向大学生传达最新理论、政策和会议精神的中间载体，因此更应重视党和国家的最新理论，并及时准确地将党和国家的重要思想内容和重大会议精神更新到思政教育的内容中，对于教材内容要做到及时更新并传送到学生手中，对于重大会议精神的领悟，高校应及时开展专题讲座或召开主题活动，帮助学生和思想政治教师解读和领悟重大政策精髓。

其次，高校的党团建设也应体现时代化的内容。高校党团是培养大学生党员的摇篮。其工作内容包括对积极分子的选拔、教育与考察、对预备党员的考察以及对党的路线、方针、政策的宣传和学习，因此，作为高校思政第二课堂的党团，其内容也应体现时代化精神。

最后，时代化也体现在教育模式、方法和途径的与时俱进，高校应不断优化和改进教育理念、内容、方法以及环境，用符合时代的新理论指导学生，用全新的科技媒体辅导学生，用最新的教学方法引导高校大学生，使理论知识更贴合学生生活实际。从理论内容的与时俱进和宣传教育手段的与时俱进，极大地促进高校思想政治教育时代化，从而体现教育实

效性。

（二）推进思想政治教育科学理论大众化

通过教育宣传马克思主义是马克思主义大众化最基础的方法。马克思主义理论只有被作为社会主体的大众所接受、所理解、所掌握，才能成为改造世界的巨大精神力量。作为指导中国具体实践的科学理论，其根本要求和内在要求就是马克思主义大众化。高校开设的马克思主义理论相关课程，意图通过有计划、有目的的教学活动，使高校大学生理解并接受马克思主义，同时将其内化为自身的一种信仰，指导和影响思维和行为活动。一方面，在高校思想政治教育中，教育者应将马克思主义理论枯燥抽象的语言转用生动、形象、诚恳的讲述方式将其内涵传达给学生，同时借助鲜活的案例和感人的事迹，在真实的教育情境中，让学生感悟科学理论的先进性和真理性。另一方面，高校通过在校报、校园专栏以及微信、微博公众平台等刊登或发布大众化马克思主义相关内容，以深入浅出、生动活泼的语言文字，将通俗化的马克思主义理论运用于分析当前热点事件和时代大势。高校思想政治教育大众化，更是国家未来稳定发展的基础。高校培养了无数科技文化精英，他们承载着国家未来发展的重任，将通过与社会的互动对社会各方面的发展产生影响。高校思想政治大众化就是要将马克思主义理论转化为思想武器，内化修养，外化行为，是维护社会稳定、国家发展的前提准备。

三、生本理念在新时期高校思政课程实践教学中的落实

（一）思想政治教育中生本理念的内涵

所谓生本理念，就是指在教育教学活动中让学生占据主体地位。思想政治教育过程中的承担者、发动者以及实施者三者都分别分担着不同的角色，大学生在教育中的地位和作用决定了其在三者间的主体地位。大学生在思想政治教育中的主体地位体现在三方面：一是大学生的自觉能动性，这是因为大学生作为能动的自然存在物，这是其成为主体的一大根本特

征；二是大学生在观念和实践等方面的创造性，这是其主体性的最高表现；三是大学生的自主性，是指大学生在不依靠外界力量的情况下，而自由地按照自己的意愿去行事的动机、能力或特性。理解了思想政治教育中大学生的主体地位，高校思想教育需要对传统的简单模式进行改革，对大学生进行思想政治教育不单单限于高校思政课堂教学，应启发学生开展更多的思想交流，为学生在思想政治教育中发挥其主体地位提供基本条件。

（二）思政实践教学大学生主体地位的重要性

1. 有助于贯彻落实科学发展观

在高校中，特别是在思想政治教育中，以学生为本是以人为本的突出体现。根据科学发展观的要求，培养全面发展大学生，必须充分明确树立大学生在其中的主体地位，在推进思想政治教育的过程中，充分认识并努力发挥大学生的自主性、能动性和创造性，融基本教育目标与学生需求于一体，融教育工作者的施教与学生主动受教于一体，在客观认识和把握大学生思想动态和思想需求的基础上推进思想政治教育，可以使他们直观地感受到这种教育的针对性和有效性，从而更加乐意去主动配合教育过程、参与教育过程、完成教育目标。可见，大学生主体地位的发挥是以学生为本的重要体现，据此实施教育方法可以保证学生更好地认可和接受教育安排，自觉主动地做到全面、协调、可持续发展。

2. 有助于体现教育基本规律

在基础教育和中等教育阶段，受传统应试教育等因素的影响，学生的主体地位并未被认可，这易使得学生要么被动地接受学习任务，要么对学习任务产生逆反心理，这无疑违背了教育的基本规律。学生进入大学之后，这一局面必须要从根本上加以扭转，使他们变得主动学、乐于学。这便要求全面认识大学生的角色定位，既把他们视为教育对象与被管理者，又把他们视为自我教育、自我管理的主体。我们应当明确这两种角色定位指向同一个目的，即更好地使他们求知、做人、提升能力、获取技能，等等。唯有如此，才能充分重视他们的个性、需求、思维特征在整个教育过程中的重要性，才能有针对性地设置教育内容，改进教学方式，才能使他们在主体选择的基础上，有目的地主动学习、自主学习、自我发展。

3. 有助于提升学校教育教学质量

一方面，通过树立大学生在思想政治教育中的主体地位观念，思想政治教育工作者可以更为充分地与他们进行沟通、互动，了解其思想动态，把握其思想需求，思想政治教育的针对性和实效性可全面得以实现。另一方面，学生在校园中可以在一定领域内树立主人翁意识，增强对学校的认同感和归属感，积极主动地参与到校园文化建设中去，并且根据自身认识和感受对学校和思想政治教师的管理和教学进行信息反馈、做出评价、提出合理化建议和正当要求等等，也可以成为促进学校发展、提升学校教育质量的有机组成部分。

（三）当前高校思政课程实践教学中生本理念的缺失

1. 学生缺失能动性

思想政治教育对象的主体性指的并不是教育的主动性，而是指教育对象接受教育的主动性。而思想政治教育对象的能动性就是其中的一个表现。高校大学生的思想道德水平得到普遍提高，但时代的变化和发展要求大学生有更高的品德素养。大学生能动性的发挥首先是能够积极主动地反映自身的品德状况和教育者所教授的思想政治教育内容。大部分学生都能很好地吸收到所学的思想政治教育知识并且在生活和学习等方面实践中表现出来，但仍有部分学生没有积极主动地与自身进行比较、反思和认清自身在思想品德方面与社会要求存在的差距，以至于不热爱思想政治教育知识的学习，也没有进一步深入了解的动力，如高校思政课堂上部分学生玩手机就是缺乏学习思想政治教育内容的热情和动力的表现。

2. 学生缺失自主性

思想政治教育对象的自主性表现在学生对思想政治教师所教授的内容和知识进行自主学习、自主选择、自主吸收。学生在思想政治教育中积极参与活动，对于思想政治教师教的知识进行主动的、选择性的学习。在高校思政课堂中，大部分学生都能够自主地、有选择地学习思想政治教育内容并内化为自己品德的一部分，但也有部分学生对于所学内容相对比较消极，没有积极地进行选择。思想政治教师在高校思政课堂上努力地讲课，学生却不关心思想政治教师讲的内容，只是关心考试的内容，对思想政治教育内容缺乏思考，自主能力差，不能安排好学习计划和学习目标，没有将思想政治教师所教授的内容内化为自己的道德修养。

3. 学生缺乏创造性

思想政治教育对象的创造性是其自主性的另一个表现，是学生在反映思想政治教师所传授的信息和自身思想品德状况的基础上创造出新的东西。对于新的教学方法和教学形式，不仅学校和思想政治教师可以研究探索，学生也可以积极参与进来，充分发挥自觉能动性。当前高校中是思想政治教师扛起了研究新的教学方法的重担，学生没有积极参与研究的意识，未提出自己的意见和建议。在高校思政课堂上有部分学生在学习以及接受思想政治教师传递的信息的时候，采取消极的态度，没有与思想政治教师进行积极的互动。

（四）高校思政课程实践教学学生主体地位缺失的原因

1. 从教学方面来说

（1）教学方法单一，缺少实践

当前我国大部分高校都在积极地进行高校思政课堂改革，部分学校探究出了新的教学方法，取得了明显的效果，但有一部分高校仍旧没有改变传统的教学方法。思想政治教育是思想政治教师和学生一起参与并且积极发生互动的过程。因此，在思想政治教育过程中，思想政治教师和学生都应该加入高校思政课堂中并且积极地进行交流，但事实上部分思想政治教师在教学时仍然使用的是"满堂灌"的传统授课方法。这种传统的方法使得教学变成了单方面输出，学生没有积极地参与到高校思政课堂中，从而导致学生对高校思政课堂内容没有兴趣并且也缺乏投入学习的热情，所以传统的授课方法不能很好地体现学生的自觉能动性和自主性。

（2）教学内容偏离学生的实际

在我国高校部分思想政治教师能够做到将思想政治教育内容与具体实际相融合起来，发挥了思想政治教育积极的作用。但也有部分思想政治教师没有很好地了解学生，掌握学生的实际需求，在授课过程中只是照搬课本内容，讲解理论，思想政治教育本来就是理论性比较强的课程，所以这样容易造成生硬和枯燥的感觉。学生在高校思政课堂中感觉无聊就会渐渐失去学习的热情，不能很好地加入思想政治教育高校思政课堂，对所学内容不进行积极的思考，自觉能动性就很难真正体现出来。

2. 从学生方面来说

学生自身的原因主要是主体意识的淡薄。随着我国高校改革力度的普遍提升，所有高校对思想政治教育水平的提高都愈发地重视起来，并且纷纷对思想政治教育课程进行课堂改革，改变传统的单向传输的授课方法，创新思想政治教育方式方法，突出学生的主体地位，提高大学生思想道德素养。在进行课前预习的时候，有一些学生对于思想政治教师的安排过于依赖，不能独立完成学习计划和目标的设定，没有将其自身的自主性发挥出来。在学习过程中，仍然有部分学生已经习惯了传统的思想政治教育方法，只喜欢听思想政治教师讲课，不愿意主动思考问题。对于思想政治教师新的教学方法没有给予积极的反馈，对思想政治教师所教授的内容也没有进行积极的思考，表现出思维惰性，更不愿意与思想政治教师进行积极的互动交流。对于思想政治教师所讲的思想品德要求，也没有与自身进行对比反思，调整自身的不足，处于被动消极的状态，而且欠缺思考怀疑的能力，不注重发挥自身的创造性。

（五）高校思政课程实践教学中落实生本理念的对策

1. 思政教师引导学生树立主体意识

思想政治教育的主体性理念是指在思想政治教育的推进过程中全面、客观地认识教育者与受教育的关系，既要充分认识教育者的主体性，使教育者的主导作用得以发挥，也要客观理解受教育者的主体性。以往我们已经对教育者的主体地位予以了明确的认识，但由于忽视了受教育者的主体地位，因此往往将教育者的主导作用无限扩大，使受教育者完全处于被动从属地位。因此要树立现代思想政治教育的基本理念，在强调教育者地位和作用的同时提升受教育者的地位，使两者能够在教育过程中实现良性的平等互动，在此基础上使受教者逐步建立起对教育目的、教育内容的价值认同。为此，应当首先从观念上做到尊重学生，充分认识到每一位学生都是具有独特的、潜在的品质，"既要严格要求，又要平等待人，更要善于发现和开发蕴藏在学生身上的潜在的创造性品质"①。其次，要引导高校大学生树立主体意识，使学生充分意识到自身主体地位的发挥是完善自我、提升自我的基础与前提，只有主动地参与到教育过程中来，在思想政治教师的引导下自觉自主地进行学习，充分与思想政治教师进行沟通、互动，才能从根本上提升学习的效果。

2. 实践教育目标与大学生成长需求相符合

在思想政治教育的过程中，既要坚持教育的基本方向、原则与要求，又要将受教育者的需求落在实处，充分掌握大学生的思想动态和需求是设置思想政治教育目标的前提性条件。在此过程中，要从人性化、个性化、制度化三个层面做到教育目标与学生需求的融合。首先，在人性化层面上，从共性的角度全面客观把握大学生群体性的思想特征，对他们学习生活中的良好特性加以强化，对他们的不良特性加以抑制、纠正，将此确定为教育目标的基本内容之一。其次，在个性化层面上，充分认识到每一个学生在智力、家庭背景、情感、心理、兴趣、特长等方面存在的差异性，一方面尊重个性的差异，另一方面极力避免因个性带来的冲突与摩擦，努力做到求同存异，这也应当是教育目标中不可忽视的内容之一。再次，在制度化层面上，充分认识到制度规范对大学生思想、态度和行为的规范、调节、引导作用，在教育目标的设置中融入学生行为基本规范，使学生树立规则意识。最后，教育目标的设置要注意将人性化、个性化、制度化三个层面的学生需求加以协调。

3. 丰富实践活动强调学生主体地位

当前的思想政治教育形式越来越趋于多样化，但大学生主体地位的实践平台仍然有限，这在很大程度上成为制约大学生主体地位提升的重要因素。为了扭转这一局面，首先应创造条件让学生与学校和思想政治教师更多地沟通、互动。学校可以通过思政课堂交流、网络论坛、学生代表会议、意见箱、主题讨论、个别谈心等多种形式与学生进行沟通、互动，了解和掌握学生思想动态，努力满足学生的合理需求。其次，积极引导高校大学生进行自我管理。学校要充分发挥学生会、社团等学生组织的作用，

---

① 引自 1999 年 6 月江泽民同志在第三次全国教育工作会议上的讲话

引导高校大学生参与这些组织以加强自我管理、服务同学；通过积极开展正常的校园文化活动和社会实践活动训练他们的自主性能力、合作能力、参与能力，充分发挥其主动性与创造性。再次，为学生的自我学习、自我发展创造良好的环境。例如，学校可以通过设置选修课、弹性学分等形式鼓励学生自主选课，使其选择性得以体现。总之，学校应当积极创造条件搭建平台，使大学生能够更多地参与学校管理、进行教育互动、实践所学知识。

4. 激发学生的主体意识

大学生主体地位的发挥不仅需要从外在上转变错误观念、从目标上融合学生需求、从形式上创造更多的平台，它还要从根本上内化为学生的内在目标诉求。学生只有能够自主自觉地意识到思想政治教育不是"要我学"，而是"我要学"，才能够从根本上改变不得不硬着头皮学的消极状态，从而有目的、有针对性地进行思想政治教育的改造，树立正确的世界观、价值观，做到提升自我，全面发展，要做到这点，大学生首先要明确自身的使命。这一使命既与个人成长目标、家庭的期望紧密相关，也与新时代下社会进步、国家富强的社会责任相关。它们均不同程度地要求大学生要树立远大的理想与抱负，将接受大学学习的过程视为改变自身命运、满足家庭期望、影响社会发展、促进国家富强的必要手段。其次，大学生要养成良好的自律习惯。他们可以根据自己的兴趣、专业、特长、家庭背景等多种因素，明确自身的学习目标和学习内容，有计划、有步骤地学习，养成良好的自律性，能够做到自我认识、自我调控、自我矫正。通过良好的自律，大学生可以在有效的自我学习、自我提升中充分展现其自主地位。

第五章 新时期高校思政课程实践教学策略

高校思政课程实践教学不能囿于传统的理念和形式，不能局限于固有的方法和模式，作为教育者，必须对高校思政课程以及大学生的特点有一定的掌握，结合实际情况来探索有效的实践教学策略。本章首先分析高校思政实践教学的特征和类型，而后从科学化教学、优化教育环境、创新教学方法这三个方面说明新时期高校思政实践教学的策略，最后以举例的方式对高校思政实践教学做进一步阐述。

第一节 高校思政课程实践教学的特征和类型

一、新时期高校思政课程实践教学的基本特征

要想正确构筑思政课实践教学这一育人平台，就必须用它自身的特殊属性将思政课实践教学与其他相似概念区分开来，让我们对它有更加清晰的认识，为发挥其作用而打好基础。以下是它的三个基本属性。

（一）实践性

实践性是区别实践教学与理论教学的根本之处，是思政课不再苍白无力的制胜法宝。开展思政课实践教学既可以对理论教学进行延伸和补充，又可以让学生摆脱说教式教学，让深刻、严肃的理论知识活起来。学生以主体地位参与实践教学活动，在活动中可以获得独特的体验，并深化对理论知识的理解，提升理论学习的广度和深度。同时也有助于提高学生运用

理论知识的能力，让学生在自我教育中，提升自我认知能力和道德素养。

（二）课程性

课程性这一特征是用来区分思政课实践教学与大学生的一般社会实践活动。高校里大学生课程众多，校园生活丰富，有各种各样的社会实践活动，这些活动都可以起到锻炼学生能力、提高学生素质的作用。但并不是所有实践活动都可以称之为思政课实践活动。思政课实践教学是隶属于思政课的一种教学方式，有鲜明的思政课程特征。它始终是围绕思政课的教学内容展开的，目的是完成思政课立德树人的目标。

（三）社会性

社会性这一特征主要是区别思政课实践教学与理工农医类的专业实习。理工农医类的专业实习主要是通过各类专业性的实习，增强学生的实践技能，侧重培养学生的专业技能，也就是从做事的角度进行培养，是为日后进入社会，从事相关工作打好专业基础。而思政课实践教学是学生实现社会化的重要抓手，它是依托实践教学这一载体从做人的角度进行教学。学生可以通过思政课实践教学来感受社会，进一步培育学生社会责任感和使命感，使其能快速融入不断变化的社会。

二、新时期高校思政课程实践的主要类型

实践教学经过长期的发展，也逐渐形成了不同的类型。以下介绍的是按实践场所划分的四种不同类型。

（一）课堂实践教学

课堂实践教学是指学生在老师的指导下，在思政课堂中进行的各种实践活动。主要有课堂讨论、案例分析、主题辩论、观看相关的影像视频等方式。课堂实践教学虽然有耗时短、反馈及时、易组织等优点，但同时也有学生兴趣不高、参与度低下、时间和地点限制较大等局限性。

（二）校内实践教学

校内实践教学是指除课堂实践教学外，发生在学校校园里的一切实践

教学活动。主要有参观校史馆、聆听专家讲座、社团活动、知识竞赛等方式。虽然校内实践教学相比课堂实践教学对时间地点限制较小，但是也有思政课知识指向性不够明确、学生获得感不高等问题的存在。

（三）社会实践教学

社会实践教学是指在校园外进行的所有与思政课相关的实践活动，主要有社会调研、志愿服务、参观红色基地等。社会实践教学的功能性较强，学生经过实践活动的洗礼，了解社情、国情、党情，激发爱国爱党热情，养成关心社会的习惯，增强对思政课理论知识的吸收和理解，提高自身的综合能力。但社会实践教学的组织过程较为烦琐、所需时间较长，并对地点的限制性也较高。

（四）虚拟实践教学

虚拟实践教学是指以虚拟网络为载体，在思政课老师的指导下，学生充分发挥主人翁精神进行的一系列实践教学活动。它主要是通过信息技术手段建设虚拟实践教学平台，如思政课专题网站、数字化革命博物馆、红色文化体验馆、思政课手机客户端 APP、制作思政课微电影等。

第二节　实现高校思政课程实践教学科学化

一、高校思想政治教育学科建制的科学化

学理建制与社会建制互为表里，要实现高校思想政治教育学科建制的科学化，必须同时"强内优外"，深化学理建制的基础地位，增强知识体系的成熟程度，同时使外在社会建制进一步系统化，内外相得益彰，共同促进思想政治教育学科良性发展，外盛内优。

（一）提升学科学理建制水平

1. 坚定学科信仰和学科自信

思想政治教育学科信仰体现了教育主体对本学科发展前景的信心，对学科理念的坚持，对学科立场的维护和对学科观点的认同，是一种稳定的心理状态，在完善学科学理建制的过程中，面对理论问题的探讨，教育主体都要保持这种心理状态。高尚的学科信仰是学科自信的体现和学科自觉意识的表达。加强思想政治教育学科的学理建制，要求教育主体不仅对马克思主义基本观点和自身政治立场持有积极的认同感，更要对思想政治教育学科抱有坚定的学科信仰和自信心，并以此为动力，强化自身的主体地位。

2. 加强元知识体系建构

首先，高校思想政治教育元知识体系的建构要立足社会实践。历史唯物主义认为，社会意识产生于物质资料、生产方式等诸多要素所构成的社会存在，社会意识的发展离不开社会实践的进步和社会关系的演变。因此，立足实践，促进个体的社会化，是构建高校思想政治教育元知识体系的观念基础。

其次，加强对历史材料和现实经验的归纳与整理。对近代以来，尤其是建党以来思想政治教育的发展历程进行系统梳理，可以得出高校思想政治教育的发展规律。只要具备相应条件，社会规律可以反复作用，更加有效地促进社会实践正向发展。

最后，要强化规律系统内各层次之间的交流。高校思想政治教育的三个层次，即宏观规律（产生和发展规律）、中观规律（管理规律、工作规律和过程规律）和微观规律（教育规律和接受规律）之间存在着密不可分的联系，教育规律与接受规律呈主客体关系，过程规律是中介。因此，微观规律的发展和作用能够促进中观规律和宏观规律积极发展，宏观规律的进步又能作用于中观规律和微观规律的发展。强化各层次规律之间的交流，使教育主体全面把握三个子规律，元知识体系才能更加成熟。

3. 推进基本理论的再系统化发展

基本理论是高校思想政治教育的生命基础，基本理论的再系统化是在理论体系已经具备一定系统化水平后的进一步整合和探索。高校思想政治教育基本理论的再系统化，就是要不断对马克思主义及其中国化的相关基本理论进行系统整理与反思。高校思想政治教育基本理论的再系统化过程要注意以下几点。

首先，要将基本理论与实践基础相统一。研究对象清晰化，能够为实践基础划分出明确的范畴，将此范畴内所进行的理论研究作为基本理论系统的核心部分，能够实现理论的系统性与实践的针对性相统一。

其次，要将基本理论与思政教育理论基础相统一。实现基本理论与理论基础的统一，就是要将马克思主义及其中国化理论体系做出科学的解读并有效应用，要树立马克思主义的世界观和方法论并积极内化，在理论研究过程中不断进行哲学反思，保证理论范式的科学性。

最后，要将基本理论与邻近学科的理论前沿相统一。高校思想政治教育学理建制所面临的问题之一在于学科理论系统缺乏开放性，系统内的要素与外界缺乏信息交流。要加强临近学科间的多边互动，就要与邻近学科和交叉学科的学术前沿积极对话，借鉴交流，彼此相互促进，共同发展。

（二）优化学科社会建制质量

社会建制是学科成熟发展的物质保障，也应是思想政治教育的优势所在。在优化本学科社会建制的方式问题上，我们将重点讨论如何以优化机构设置和加强制度建设来提升高校思想政治教育科学化水平。

1. 加强宏观控制，调整机构设置

首先，整合现有学科组织。在行政权力系统的促进下，绝大多数高校马克思主义学院的各方面建设均取得了良好的成绩。但作为发展中的学科，建制性的思想政治教育理论研究系统和实际工作系统的组织化程度有待提高。提高现有学科组织的系统化水平，仅仅依赖各高校的马克思主义学院工作是不够的，必须上升到更为宏观的视角。通过全国和各地方的统一规划和合理控制，加强思想政治教育研究会、思想政治理论教学指导委员会等机构的建设，可普遍提高各高校组织化的总体水平。

其次，建立理论研究和实际工作两大系统的交流机制。要实现两大系统的交流和沟通，体制机制的保障必不可少。学术研究系统的科学化旨在丰富高校思想政治教育的教育内容，实际工作系统的科学化目的在于使教

育内容的应用更加具体化，两大系统之间存在自发的联系，在多次交流的基础上必然形成相应的交流机制。但我们不能被动等待交流机制的发展，必须主动扩大经费投入，加大建设力度，建立相应的体制机制保障，实现理论与实际的结合应用。

最后，充分利用各种社会资源为优化学科社会建制服务。近年来，哲学社会科学的发展受到国家和社会的广泛关注。作为一门理论性与应用性并存的学科，马克思主义理论及其下设二级学科所具备的社会资源已十分丰富，表现为科研经费逐年递增、各类红色资源面向高校无条件开放等。高校要合理地利用社会资源，科学分配科研经费，充分发挥资源优势，达到优化学科社会建制的目标。

2. 理论联系实际，构建制度体系

首先，保证制度内容的合理性。科学的制度内容能够带来主体的价值认同。高校思想政治教育制度的合理性在于其内在实质与外在逻辑的一致性。具体表现在制度形式内容与学科内在规律的一致性，二者的一致性越高，则制度的合理性越强。在制度制定的过程中，制度规则必须遵守制度理念，并具有相对稳定性，在一定时间段内制度主体都能够适用，不可随意改变。

其次，保证制度体系的可操作性。制度现实性的实质在于理论和实践的一致性，即可实现性和可操作性。

二、高校思想政治教育主体建设的科学化

高校思想政治教育科学化的最终目的在于使受教育者全面发展。人才培养是教育者与受教育者相互作用的过程，主体建设的重要性不言而喻。主体建设不能一概而论，要有一定的针对性，要坚持辩证唯物主义矛盾分析方法的哲学思辨，从两大主体的特殊性出发，对症下药，实现高校思想政治教育主体建设的科学化。

（一）加强教育者主体建设

高校思想政治教育的主体主要包括思想政治理论课教师、辅导员、党政干部和团委干部、心理健康教育者。要全面提高教育者的整体素质，必

须兼顾教育主体的每一个组成部分。

1. 建立高校思想政治教师培训体系

加强思想政治教师队伍建设，就要培养一批政治立场坚定，理论基础深厚，职业理想崇高的骨干思想政治教师。为此，各高校要建立完善的思想政治教师培训体系。

2. 构筑高校辅导员队伍科学模式

辅导员是教育主体中与学生联系最为密切的部分，是高校日常思想政治教育的责任主体。确保辅导员队伍科学发展，不仅要按合理比例确定辅导员的数量，明确辅导员的职责范围，还要对辅导员队伍进行定期培训与考核，并严格按照考核的结果对辅导员工作做出评优奖励，以确保辅导员的工作热情。

3. 明确党团组织职责分工

高校的党团组织承担着组织实施思想政治教育工作的重要责任，明确组织内分工有助于发挥党团组织自身的优势，提高思想政治教育各项活动的实施效率。在宏观政策制定的过程中，要发挥领导层的方向性作用，在各项具体工作的开展过程中，要依靠学院中层、基层党团组织的力量。

4. 组建专业心理健康教育队伍

高校思想政治教育总目标与心理健康教育总目标具有内在一致性，即实现学生的自由全面发展。开展高校思想政治教育者主体建设的重要途径之一在于组建专业的心理健康教育队伍，并使其与思想政治教师相结合，充分发挥高校思想政治教育德育功能与智育功能的统一。组建专业的心理健康教育队伍，最重要的是人才，除制定严格的准入制度外，还应对已经迈入队伍的思想政治教师进行系统专业的训练，增强思想政治教师的心理辅导意识和行为矫正能力。

（二）加强受教育者主体建设

基于"95后""00后"高校学生这一特殊群体自身的优势和不足，受教育主体建设工作的重点在于对受教育者开展主体性教育和价值观教育，增强高校学生的个体自信和民族自信，培养学生的主体意识和政治素质。

1. 以主体性教育激发受教育者内在教育需求

发展受教育者的主体意识，引导受教育者独立自主、自觉能动地进行认识和实践活动，是主体性教育的最终目的。高校思想政治教育受教育者的主体性教育，可以从以下几个方面入手。

首先，启发受教育者主体意识。主体意识代表着受教育者内在的教育需求，主体意识越强。受教育者的教育需求就越高，越能得到更健全的发展。为启发受教育者的主体意识，教育者应树立新的教育理念。要尊重学生的主体地位，为学生保留自我学习的时间和空间，以学生组织（如学生会、社团）作为学生自我教育的平台。要积极肯定学生的工作，并引导高校大学生以各种形式的实践活动创设和谐、宽松、民主的校园文化环境。

其次，增强受教育者主体能力。主体能力主要指受教育者的自控能力、学习能力和创造能力，具备优越的主体能力能够使受教育者可以独立自主、自觉能动地计划和规范自己的学习活动，并取得良好的学习效果。最了解受教育者教育需求的人是受教育者自己，增强受教育者的主体能力，就是培养受教育者的自主性和创造性，使他们成为自己活动的计划者和实施者。

最后，塑造受教育者主体人格。主体人格是受教育者思想政治修养的综合性概括，是受教育者人格尊严、价值观念和道德品质的总和。高校思想政治教育的意义不仅在于传授思想政治理论知识的工具性价值，更表现在完善受教育者人格的目的性价值上。塑造受教育者主体人格，就要在思想政治教育实践活动中引导受教育者进行价值判断和价值选择，并增强受教育者的抗压能力和应变能力。

2. 以价值观教育坚定受教育者的政治立场

单纯依靠受教育者的内在教育需求不足以保证受教育者主体建设的有效性，外在的教育行为是更有力的实施力量。学校应该永远把坚持正确的政治方向放在第一位，学校教育对树立受教育者科学的理想信念，塑造个体坚定的政治立场，具有更强大的指导力量。

首先，以科学的价值观教育树立受教育者崇高的社会理想。实现受教育者对核心价值观的认同，有助于树立受教育者共同的理想信念，增强受教育者主体的凝聚力。

其次，以价值观教育提升受教育者思想政治素养。受教育者的思想政治素养一方面来自个体的自我发展，另一方面来自教育主体的传递。价值观教育能够实现受教育者的"知行合一"。教育主体要用核心价值观引领校园思潮。学校要注重上层设计，坚持统筹协调，强化教育实践，巩固网络阵地。鼓励受教育者追随、宣传、践行社会主义核心价值观，从而促进受教育者政治素养的发展。

（三）强化师生之间的双向互动

教育教学活动不是一个单向灌输的过程，需要教育者和受教育者的双向互动。主体间的互动效果直接影响主体建设的科学化水平，互动效果好，主体双方则共同发展，互动效果差，主体建设就失去了意义。强化主体间的双向互动可以采用以下几种方式。

1. 拓展互动空间，充实互动内容

当新媒体发展到一定程度，教育主体可以利用新媒体与受教育主体实现沟通与交流，传统教育模式将自行消亡。两大主体的互动空间就不再限于高校思政课堂，互动内容也摆脱了传统理论的桎梏。

首先，互动空间从高校思政课堂教育拓展至课外教育。互动空间的拓展意味着两大主体有了更多的互动时间，教育者应充分利用新媒体带来的时空优势，在高校思政课堂教学之余，利用新闻资源和数据资源为受教育者带来积极的影响。有了一屏之隔，受教育者更愿意表达自己内心的观点，通过虚拟的社交平台反而更容易得到受教育者的真实看法和态度，而这些信息在高校思政课堂上无法捕捉。教育者要充分把握这一资源优势，利用社交媒体，以平等的姿态与学生进行心灵的交流，并加以适当的引导。

其次，互动内容由学习互动发展到实践互动。提高认识的目的在于更好地开展实践活动，仅对受教育者进行理论知识传授的教学活动是不完整的，还要将理论知识传授与实践活动能力的培养结合起来。在此过程中，思想政治教师作为认识和实践的引导者要肩负起辅助者、促进者的作用，积极进行实践性教学，促进学生将所学知识内化成行为准则。与此同时，教育者还要加强与受教育者的情感互动，增强受教育者对思想政治教师行为的认同，并主动规范自己的行为，达到知行统一的教育目的。

2. 创新互动方式，优化互动质量

首先，将高校大学生和高校教师互动与生生互动结合起来，共同激发受教育主体的能动性。一方面，高校大学生和高校教师互动是主体间互动的基本形式，但高校大学生和高校教师之间的互动不是单向问答，而是双向交流，相互促进，共同发展。另一方面，生生互动可以增强受教育主体的凝聚力，教育主体应为受教育者提供生生互动的空间和机会，引导受教育者团体协作，取长补短，共同完成学习任务。

其次，提高互动质量，激发教育主体的创造性。在主体间互动交流的过程中，互动的质量往往比互动的形式更值得重视；要提高主体间的互动质量，教育者应转变观念，树立结果导向理念；切实设计有效方式，提升互动乐趣；使学生获得积极体验，使互动过程不再流于形式。

思想政治教育的过程不仅是书本知识的传递与学习，更是价值观念和政治立场的形成过程，是主体认识能力和实践能力提升的过程。在此过程中，教育者肩负着自我建设，引导受教育主体建设及加强与受教育主体交流合作的多重任务，应及时对主体建设科学化过程加以反思，并纠正自身的不足，确保高校思想政治教育主体建设顺利有效地开展。

三、高校思想政治教育过程方法的科学化

（一）确立科学的教育目标体系

1. 构建层次分明的目标体系

新时期高校思想政治教育分目标可以归纳为树立科学的理想信念、培养学生的爱国主义精神、对学生进行道德教育、实现学生自由全面发展四个方面。

各高校要按照总目标的要求，结合本校的办学资源和高校学生的身心发展规律，将总目标中的每个方面加以细化和分解，制定自己的分目标。高校思想政治教育分目标的制定必须符合总目标的要求，并体现对总目标内容的安排和规划。例如，高校在制定分目标时可以按照年级划分。对低年级学生教育目标的制定侧重于角色适应，引导高校大学生适应高校的课

程安排，使学生掌握马克思主义及相关学科的基本原理，并培育学生基本的爱国主义精神。对于高年级学生教育目标的制定可侧重于实现学生的全面发展，这里的全面发展不仅指进一步深化学生对于基础理论的掌握、民族精神的弘扬和道德品质的磨炼，更在于提高学生的综合能力，即研究能力、创新能力和实践能力。对于即将迈进社会的学生，其教育目标的制定可侧重于职业观教育，包括培养学生正确的择业观念、职业规划方法和高尚的职业道德。

2. 完善多维度目标管理体系

具备了层次分明的目标体系后，高校还需要通过完善管理体系为目标的实施创造条件，完善多维度的目标管理体系。

首先要加强科学的领导，领导本身是一种指向性的工作，领导者决策的科学与否决定了一个集体是正向发展还是误入歧途。因此，领导组织必须层次分明，科学授权，合理分工。高校思想政治教育的目标管理是一种自我控制与自我管理，为保证目标制定与管理的科学性，高校思想政治教育分目标的制定和目标体系的实施过程需要校党委、教务处、学工处乃至各学院共同参与，将职、权、责加以合理分配。

其次，要培养高校学生目标管理的自治意识。高校思想政治教育的目标体系从制定到实施再到反馈，每个环节都离不开学生的参与。受教育者存在内在的教育需求，因此，受教育者对于外部教育并不完全被动接受，而是带有一定选择性。高校必须坚持"以生为本"，启发受教育者将外在教育目标与内在学习目标统一起来，实现目标的自我制定、自我实施和自我管理。这能够激发学生的学习意识，增强学生的管理能力，更有效地发挥学生主体地位，实现教与学的有机统一。

（二）实现教育方法系统化发展

教育方法体系是教育者在高校思政课堂教学过程中为实现教育目标，完成教学任务而采取的所有程序和途径所构成的有机整体。高校思想政治教育方法系统内在地包括言语系统、实物系统、操作系统和情感系统四大组成部分，相对地，常用的教育方法则包括讲授法、谈话法、演示法、参观法、实验法、实习作业法、陶冶法、探究法等。成功的高校思政课堂教学活动不可能仅依靠一种教育方法，教育者应结合不同教育方法的优势，形成合力，共同促进教学活动的发展。在优化教育方法体系的内部结构时，可以参照如下几个范式。

1. 原理阐述与问题解决相结合

在培养学生的知识与技能时，要注重言语系统和实物系统的结合，这里的实物并不完全指向实际物质，也指代模拟情境和新媒体作用下的直观实例呈现方式。言语系统能够塑造学生的形象思维。通过基本的语言描述使学生对原理产生感性认知和观念形象，实物系统则有助于通过实践促进学生的感性认识上升成为理性认识，进而更有效地指导实践。

知识与技能目标是教学活动的基础目标。高校思想政治教育的基本任务在于通过原理阐释向高校学生传递马克思主义及其中国化理论体系基本知识、观点和发展规律。但过于强调抽象理论的教学容易使高校思政课堂教学偏离实际生活，降低教学内容的可吸收性，难以引起学生的兴趣和认同，违背初始的教育目标。因此，借助现有实例引导受教育者根据所学知识对实际问题加以逻辑推演和严密论证，最终得到问题解决的方法，是增强高校思想政治理论课教学实效的重要途径。

2. 适当灌输与启发教学相结合

谈到启发教学，就不得不正视言语系统和操作系统的相互作用。这里提到的灌输是一种适当的灌输，而非不考虑学生的接受能力一味地强"灌"硬"输"。由于马克思主义基本原理及其中国化理论的真理属性和高校思政课堂时间的限制，教育者不可能脱离最基本的言语系统直接发挥其他系统的功效。言语灌输的关键问题在于哪些原理和经验需要灌输，哪些规律和能力可以启发。

适当灌输与启发教学的有机结合有助于有效完成高校思政课堂教学的过程与方法目标。启发式教学主张先将问题和情境抛给学生。启发式教学是一种由浅入深、层层深入的教育方法，教育者需借助逻辑清晰的言语表达，引导高校大学生积极发挥主体性作用，增强学生的主体意识。

3. 以理服人与以德服人相结合

注重将以理服人与以德服人相结合，就是坚持言语系统与情感系统的相互作用，从而达到高校思想政治理论课的情感、态度价值观目标。马克思主义哲学认为，在实践活动中，理性因素与非理性因素的作用不可相互替代。坚持以理服人，要依靠教育者通过逻辑清晰的思政课堂讲授和对话互动，向受教育者传递基础理论，使高校学生认识到思想政治教育学科知识体系的真理属性；坚持以德服人，则要求教育者通过发挥思想政治教师的示范性作用，营造良好的道德环境，运用情境陶冶等方式对学生的道德认识和道德情感加以正向影响，从而增强学生的道德意识，鼓励学生做出积极的道德行为，实现知、情、意、行的内在统一。

综上，言语系统是高校思想政治教育方法系统的基础部分，无论要实现何种层次的高校思政课堂教学目标都离不开清晰完整的言语表达。在此基础上，根据不同层次目标的实现要求，教育者需要在结构化的方法系统内实现教学方法的最佳组合，从而切实优化高校思政课堂教学质量。

（三）注重实证研究和学术交流

研究方法的科学程度直接影响学术研究的科学化水平。实证研究是与形而上学的经验主义研究方法相对立的存在，随着时代发展和思想政治教育学科自身的发展，实证主义研究范式已成为社会科学领域内主导性的研究范式，是适合高校思想政治教育学科的学术研究方法。在加强实证研究的基础上促进高校主体间的学术交流，有助于实现各高校共同发展，提升思想政治教育理论体系的科学化水平。

1. 加强实证研究

这里的实证研究方法严格区别于西方的实证主义哲学。实证主义哲学将现象看作认识的根源，与马克思主义哲学主张的逻辑思辨方法完全对立。实证研究方法是逻辑思辨方法的基础，即科学研究的基础。可见，整理可感知现实的数据信息并作用于理论研究，系统描述现存世界的联系，是实证研究方法的主要特点。

高校思想政治教育带有很强的应用性。为进一步发挥学科的实际应用作用，在学术研究中更要加强实证研究。辩证唯物主义哲学主张在有效进行实证研究的基础上，丰富逻辑思辨，增强学科理论体系的科学性。因此，加强实证研究能更好地指导我国社会主义建设实践活动。

2. 搭建自由化学术交流平台

良好的学术交流平台是高校思想政治教育内容和信息共享的有效载体，搭建气氛活跃、思想自由的学术交流平台，积极开展学术交流活动，有助于激励各方主体敢于交流、大胆创新，为开展高校思想政治教育实践活动奠定坚实的情感基础。

首先，力求规范，体现学术交流平台的科学性和实效性。学术规范意识是学术活动的前提和基础，对于学术交流具有重要意义。学术规范规定着学术话语的基本体系和学术见解的呈现方式，要促进高校思想政治教育学术活动实现更全面的人际交流、校际交流甚至国际对话，必须引导师生遵守学术规范，树立正确的学术道德观。学术规范的水平还关系到学术交流的深度和质量，只有将学术规范严格化，在已有学术成果的基础上科学设定学术规范，精确把握核心问题，全面梳理现有资料，才能增强学术交流的实现，开展高质量的交流活动。

其次，着力创新，体现学术交流平台多样性和组织性。构建一个繁荣的学术交流平台，就要创新学术交流的活动形式，通过相关著作的出版、开展系列学术报告、举办各类论坛、推进校际学术交流等多种活动促进学科内多元主体的相互借鉴，实现各种观念和思潮的碰撞，并激发研究主体的求知欲和研究灵感。此外，研究主体应充分重视高校思想政治教育学术交流平台的教育服务功能和组织管理功能，以日渐多样的交流活动为载体，使参与者在活动过程中将交流成果与高校思想政治教育基础理论结合起来，并内化为自身的行为准则，丰富学科知识体系，促进学科专业化发展。

最后，结合当今国内外形势，体现学术交流平台的时代性和灵活性。学科知识体系内不但包含了基础理论，还包括对当代世界经济与政治现状的研究。面对国际关系的博弈与国内价值主体多元化的发展态势，高校思想政治教育的学术交流活动也必须具有鲜明的时代色彩。交流活动的内容与形式都要涵盖学科前沿，体现国内外的环境特征和我党所持的基本态度。

高校思想政治教育学术交流平台的建设应当坚持从实际出发，确保各方主体针对当前学科面临的疑难问题展开交流合作。高校思想政治教育的疑难问题在于新时期背景下如何加强对学生意识形态的培养。在开展学术交流活动之前，各方主体应对学生的思想状况及其成因进行较为透彻的了解，并以学生当下的心理特征为前提开展活动，以保证学术交流平台的灵活性。

四、高校思想政治教育评价反思的科学化

对教育结果进行客观全面的评价，并将评价结果用以参考新的教育目标制定与实施，其目的在于更好地推进高校思想政治教育评价反思的科学化发展。

（一）科学设定评价指标体系

高校思想政治理论课教学评价指标体系的科学化程度决定了评价活动的水平，因此。建立科学合理的评价指标体系成了教学评价的首要任务。高校思想政治理论课教学评价指标体系内在地包括了指标项目、权重集合和量化方法三个组成部分，三个部分相互联系、共同影响着教学评价指标体系的整体性功能。

（1）规定有效的指标项目

教学评价指标项目的制定必须与教育目的和教学目标保持一致。教学评价指标项目是高校思想政治教育目的的体现，是思想政治理论课教学目标的全面再现。如果教学评价指标项目游离在教育目标之外，教学评价将失去意义。因此，指标项目的设置应以学生的全面发展为基础，具有丰富的实践性和可行性，保证其内涵质量最优，注重定量评价与定性评价的结合，保证通过测量能够得出明确结论，使指标项目得到主体的广泛认可，具有切实的可行性。

（2）保证权重集合的信度和效度

权重集合代表着各指标项目之间的关系，体现了指标项目的系统性。指标项目是教学评价指标体系中必不可少的子系统，是各个项目相互作用的有机整体。作为一个整体，各指标项目的设置就要体现其结构性。评价指标要侧重于实际应用，以坚持从实际出发、收集第一手材料来确保权重集合行之有效。

（3）采用科学的量化方法

量化方法必须体现高校思想政治理论课教学评价指标体系的应用范围，并与教学评价的目的相适应。但出于高校思想政治理论课教学的群体性，主体要尽量确保量化方法简单易行，并制定一部分具体指标作为监控

参数，如出勤率、及格率等。

（二）建立多维教育评价体系

从教学内容出发，将知识评价与价值评价相结合；从教学方法出发，将内在评价与外在评价相结合；从教育理念出发，将现实评价与潜在评价相结合。

（1）知识评价与价值评价相结合

①高校思想政治教育存在其知识属性。通过高校思政课堂教学，能够使学生掌握党和国家的指导思想和基本规范。对高校思想政治理论课进行教学评价首先要注重对高校学生掌握和理解知识的程度进行考试和考查，以考试和考查的各项结果为依据展开评价。这是对高校思政课堂教学的知识性评价。

②高校思想政治理论课的教学任务不仅在于向受教育者传授理论知识，培养受教育者解决问题的能力，而且还在于引导受教育者将所学知识内化为价值观念和行为准则。这是高校思想政治教育的价值属性，评价高校思想政治理论课的教学实效，必须以学生政治方向的科学性程度和价值取向的合理性程度为依据。

高校思想政治理论课教学的知识评价和价值评价是以教学内容为基础而展开的。当知识评价与价值评价都能得出合理的结果，则可认为实现了成功的高校思政课堂教学。坚持知识评价和价值评价的有机统一，就是坚持了马克思主义关于成功所要坚持的真理原则与价值原则的统一。

（2）内在评价与外在评价相结合

一方面，高校思想政治教育的教育主体是具有能动性的人，教育者会自觉针对教育结果进行内在评价，也就是自我评价。自我评价的特殊性在于评价主体是教育者本身，自我评价的标准通常是教育者对于教学效果的预估和高校思政课堂教学取得的实际效果之间的差异。内在评价有助于思想政治教师及时调整教学方法，实现思想政治教师的自我发展。

另一方面，仅仅依靠教有者内在的自我评价而进行的教学反思是不全面的，改进教育手段和教学方法需要借助外在评价的辅助作用。外在评价包括高校学生对思想政治教师的评价、思想政治教师之间的相互评价和高校进行的各种教学评比活动等。外在的评价结果能够客观地反映教育过程中存在的问题，激发教育者的团队合作意识和良性竞争意识，全面提升教育者的教学水平。

（3）现实评价与潜在评价相结合

一方面，高校思想政治教育具有现实价值，包括知识体系的真理性、教育环境的客观性和教学方法的针对性，综合运用有效的现实要素能使高校思想政治教育更好地为当下服务。现实评价是衡量高校思想政治教育现实价值的重要标准，完善高校思想政治理论课教学的现实评价能够及时反映现实问题，切实提高教育效果。

另一方面，高校思想政治教育还会对受教育者产生间接影响，这种影响并不直接体现在受教育者的外显行为，而是发挥自身的"后劲"，伴随着受教育者持续发展，这就是高校思想政治教育的潜在价值。从长远计，高校思想政治教育不仅要着力于现实价值，更要注重实现其潜在价值。

（三）合理运用教育评价结果

健全的评价指标体系和多维的教学评价方法能够为教育者带来有效的教学评价结果，科学合理的教学评价结果能够良好地发挥其导向、调控和激发功能。主导教学活动的实质倾向，使教学活动的重点问题显而易见。应鼓励教育者对高校思政课堂教学的评价进行评价，从而完善评价体系建设，促进教学活动进一步发展。

（1）主导教学活动实质性倾向

新时期的高校思想政治理论课教学评价要以国内外环境为背景，以教育目的和教学目标为基础，以提高教学质量为目的展开。基于指标项目的科学性和量化方法的合理性，教学评价的结果带有客观性和公正性。高校思想政治理论课的教学评价结果能够为教育者的发展提供参照坐标，通过分析评价结果，引导思想政治教师提升教学技能、改革教学方法、优化教学过程，发挥教学评价的导向功能，教学评价才具有现实意义。

（2）突出教学过程的重点问题

基于权责系统的信度与效度，教育评价活动得以既全面又侧重地开展，这使得教育评价的结果既具有全面性，又具有针对性。坚持在全面了解的基础上突出重点问题，就是坚持辩证唯物主义矛盾分析方法。教育者通过对高校思想政治理论课教学评价的结果进行数据化统计与分析，能够得出教学过程中存在的普遍问题与核心问题，并集中力量加以解决。

（3）激发高校思政课堂教学元评价意识

对高校思想政治理论课进行教学评价，目的在于更有效地开展教学活动。但教学活动是一个动态发展的过程。教学评价的指标体系和方法体系也要紧跟教学活动的发展。一旦教学评价指标体系和方法体系滞后于教学活动发展现状，评价活动将不再合理恰当，就会产生一系列负面效应。这些现象从对教学评价结果的分析中就可以得出。理性分析教学评价结果，能够引导教育者对教学评价的质量加以评价，即元评价。教育主体具备较强的元评价能力，有助于及时调整教育评价指标体系和方法体系，减少由于评价指标和方法不当带来认知上的偏差。

第三节　实现高校思政课程实践教学环境的优化

一、教学区环境的优化对策

（一）教学区静环境设计体现思想政治教育特色

教学区静环境的改善和优化主要集中在物质环境方面，包括教学区内环境条件、基本结构和相关设施。良好的教育环境，是学生提高学习效率的重要保障。教学区的思想政治教育环境设计要与学生的实际需求相适切，就必须要符合学生的学习需要、工作需要、审美需要，既要做到整洁有序，又要体现思想政治教育特色。

首先，采用多种方式，保证环境内容的多样化。多样化并不是将自认为好的东西一味进行堆积，而是教学区内主题环境的多样化。可根据年级设置不同特色的教育主题，循序渐进地对学生进行思想引导，随着学生的认知水平逐渐提高，思想政治教育环境也应该适合学生的发展需求。要坚持物质文化和精神文化并重，例如张贴健康向上的名言警句、悬挂格调高雅的装饰壁画等，营造适合学生发展的、充满特色的学习环境。

其次，合理利用教学区的空间，保证教学区的思想性、科学性。思想性是指教学区内每一空间的布置都要体现思想意义和教育意义。例如，可以在教学区内布置能够体现教育教学特色或者为学生服务的场所，如知识角、休闲区等，为学生提供劳逸结合的好去处，使教学区的人文美和环境美达到高度契合，在轻松愉悦的环境下促进学生身心的成长。科学性是指既要保证教学区环境布置的美观，又要保证教学区环境的布置不能分散学生的注意力，防止对学生的身心发展造成不良的影响。

（二）教学区动环境设计体现思想性的活动

判断教学区环境是否适合学生发展的标准是教学区的思想政治教育氛围，而思想政治教育氛围的营造又依赖于富有思想性的活动，老师的努力、学生的努力和丰富多彩的教育活动，三者合一，共同促进学生身心健康的发展和学术水平的提高。本节把教学区的教育活动大致分为三类：课程文化活动、社团活动、班级活动。课程文化活动是指学生必修的专业课程活动。这类课程活动的设置对学生来说具有极大的基础性作用，是学生参加一切课外活动的思想基础，这就对教育者提出了极高的要求，教育者所设计的教育活动不但要传授给学生课本上的知识，还要充分做好学生思想内化的工作，使学生从思想意识上发生根本性的改变，指导社会实践。社团活动是指学生自发组织的群众性文化、艺术、学术活动。学生社团的种类很多，学生可根据自身的喜好选择参加不同的社团活动，例如乒乓球社团、英语社团、马克思主义理论宣讲团等。但无论哪一种社团活动，其举办的核心意义都是提高学生的能力和素质。

因此，活动设计者在组织活动时，要充分考量该活动的思想意义是否对学生的成长成才有引导作用，使学生在满足自己兴趣爱好的同时，也能够提升自己的思想素质。班级活动是在班级内部开展的有目的、有计划、有组织的教育性活动。班级活动是对学生进行统一管理、集体教育的普遍性形式。班级活动这种教育形式看似最普遍、最经常，但却也是最直接、最有效的教育形式。结合大学班级的实际情况，可以将班级活动划分为班级例会、主题班会、社会实践活动等几类。丰富多样的班级活动为学生提供了丰富的锻炼机会，对学生的进步、班级的建设都具有重要意义。

二、校园网络环境的优化对策

随着互联网在高校的迅速普及，高校必须认识到互联网与思想政治教育之间的利害关系，积极探索由互联网背景下衍生出来的校园网与思想政治教育相结合的现实途径，积极主动地迎接互联网带来的巨大挑战，充分利用网络技术优势，提高高校大学生和高校教师对校园网的利用率，充分发挥校园网在高校思想政治工作中的作用。

（一）增加思想政治教育学习板块内容

网络教育是当下新兴的一种教育形式，高校应该结合时代潮流，把网络学习和思想政治教育结合起来，利用校园网这个载体对学生进行教育和管理。因此，高校必须在校园网内设置思想政治教育学习板块，既包括先进的理论知识，也包括党校课程视频。

例如，高校可以在校园网内建立相关论坛，学生可以就某一思想政治教育话题或生活中的疑难问题与老师沟通探讨，老师也可以在第一时间给予学生正确的帮助。西南大学在 2000 年实行"学生自主学习，思想政治教师网上主导"的网络教育模式，学生可以根据自己的需要选择时间、地点进行自主学习，包括通识课、专业课、心理辅导等相关课程，以及一些思想政治教育方面的视频资料等，这不仅创新了教学的新模式，也减少了时间和空间对高校大学生和高校教师的限制。校园网为网络教育提供了新的平台，思想政治工作者应该充分利用网络的便捷优势，将思想政治教育工作融进校园网内，便于学生讨论学习。

（二）增加师生双向互动的教育活动

全球化进程的不断加快，对思想政治教育方法提出了更高的要求，即思想政治教育方法必须与时俱进。当下为互联网高速发展的时代，高校大学生和高校教师对互联网的依赖程度也越来越深，因此，必须利用和把握好高校大学生和高校教师与互联网之间的依存关系，创新思想政治教育方法，利用校园网这一平台积极开展高校大学生和高校教师之间双向互动的教育活动，向教育目标不断靠近。要想提高高校大学生和高校教师对校园网内思想政治教育活动的参与度，最重要的就是要增添引人注目的思想政治教育活动。学校的主体是学生，因此，高校内举办的各类活动都应该以学生的实际需要为出发点进行，以兴趣为导入点，吸引高校大学生和高校教师积极参与活动，而不是单纯地向学生提供枯燥的理论信息，这样才能使思想政治教育活动更具有现实意义，才能在老师的帮助下及时解决学生在生活上、学习上的各种疑难问题。因此，教育工作者可以有选择性和有计划地把这些信息转化成容易被学生接受的教育活动，例如，在线观看传记类电影等影视化作品，同时开放高校大学生和高校教师评论区，随时畅谈自己的观点及看法。

此外，还要抓好思想政治活动与学生自身生活、学习的结合点，运用思想政治教育信息解决学生现实学习生活中经常遇见的疑难问题，这也有利于提高学生对思想政治教育活动与信息的关注度、参与度，充分运用好校园网这一新的教育平台，提高思想政治教育的实效性。

三、教学延展区环境的优化对策

教学延展区是进行科学研究的重要宝库，其环境的改善对启发学生思维、提高学生素质具有引导作用。依托丰富多彩的校园文化活动，增强教学延展区的教育感染力，是发挥教学延展区环境育人作用的重要举措。

（一）增强教学延展区的教育感染力

增强教学延展区的教育感染力，首要就是改善教学延展区的静态环境，使学生能够在一个安静而充满人文气息的教育环境中受到感染。良好的内部环境可以使人如临其境、陶醉其中；良好的外部环境可以引人驻足。因此，要净化和美化教学延展区的内外环境，让学生一走近图书馆、校史馆等场所就能感受到浓厚的文化美，吸引学生经常驻足这里，并享受这里的氛围。

一方面，高校教学延展区在内部装修上要体现先进的思想意识、积极向上的学习氛围。例如，在墙壁上悬挂伟人的肖像或具有警醒意义的名言警句，体现先进思想意识对大学生的导向作用，进而使教学延展区的环境具有灵魂。这样能够帮助大学生明确是非标准、提高思想意识、正确对待生活中的道德现象和社会思潮，从而起到提高学生思想道德素质的重要作用。

另一方面，高校教学延展区在外部环境设计与构造上需要体现建筑设计的灵动性、外部环境的优雅舒适性。这既包括建筑本身的造型，又包括周边的绿化美化建设，优美的环境给人一种愉悦的享受，对学生高尚道德情操的养成具有促进作用。幽静的小路，葱郁的松柏，娇艳欲滴的玉兰花，花开时，就会看到莘莘学子手捧书本坐在图书馆的石阶上，沉醉在美丽的景色中，也沉醉在浓浓的书香中，不失为一幅颇有韵味的画卷。高校要用优美的自然环境陶冶学生的审美情趣，激发学生热爱自然、热爱生活的积极态度，培养学生心系社会、乐于助人的高尚情操，充分发挥教学延展区环境文化的感染力，从而丰富学生思想情感。

（二）丰富教学延展区的教育活动

教学延展区作为高校信息资源最丰富的场所，应充分发挥其在学生成长成才中的教育作用，因此，在教学延展区内要经常开展有价值的教育活动，以教育活动的方式吸引充满活力和创造力的大学生，并引起他们的关注与参与，这对提升学生理论水平和文化素养有极大的帮助。

在此将教学延展区的活动方式大致分为两类。

一类是馆内工作人员内部开展的活动，如最佳馆员评选活动、馆员荐书活动等，虽然学生并没有直接参与这些活动，但这些活动传递出来的奋发向上、孜孜不倦的氛围很容易感染学生，馆内人员在思想上和行动上都参与进来，使整个馆内的氛围"活"起来，也有利于带动学生的积极性。

另一类是以学生为主体进行的活动。如开展大学生图书知识竞赛、校史文化表演、以学生现实生活为基础的专家讲座等，让学生以学者为榜样，不断净化学生的思想和行为，既提高了教学延展区的学习氛围，又加深了学生的参与感和认同感；还可以用推荐书籍与报刊的活动吸引学生充分利用馆内教育资源，既提升了学生的心智，又充实了学生的课余生活。

综上，高校教学延展区应该充分利用其教育资源的优势，经常开展丰富多彩的教育活动，散发其特有的文化韵味，不断提高大学生的自我修养和文化底蕴，为大学生的成长成才铺路奠基。

四、运动休闲区环境的优化对策

运动休闲区是学生放松身心、缓解压力的主要场所。大学生除接受高校思政课堂教育、受教学区环境的熏陶外，大部分的时间也会处在运动休闲区环境的影响之下。运动休闲区内的建筑布局、精神氛围、教育活动等环境要素，必然对学生的教育起着重要的作用。

（一）优化运动休闲区的空间布局

享利·列斐伏尔（Henri Lefebve）在《空间的生产》中向我们表达了对于空间的看法，即空间不仅仅是社会关系变化的"容器"或"平台"，它还是文化的另一种表现形式。据此，可以认为校园空间是校园文化的表现，甚至它就是文化。校园内的连廊和庄严的列柱也将是对学生教育的一部分，花园里的每块石头都能向学生传递校园精神。无论是哪种类型，都必须以整体性和连续性为原则，进行空间环境布局的改造。整体性原则就是指在设计时应该有统一的思想精神，周围所有的环境布局都应该以此为出发点进行建设，这样可以使学生更加明确学校所传递的思想精神。连续性是指思想精神在空间环境布局上的分布应该是连贯的，不能只在校园里的一个或几个地方体现思想政治教育精神内涵。教学楼的教室是大学生接受思想政治教育最多、最频繁的一个场所，我们应该在其他的校园空间环境中将其延续下去，可以是温馨友爱的宿舍、使人振奋的广场，也可以是宽敞整洁的小路，清澈明亮的湖水。因此，必须要优化运动休闲区的空间环境布局，既要体现校园建筑的审美情趣，也要体现时代脉搏，更要体现校园精神，使学生无论是在高校思政课堂内还是高校思政课堂外，都能受到环境教育的熏陶。

（二）完善运动休闲区的"教育链"

高校大学生的学习任务相对高中来说有所减少，这为学生参加课外活动提供了充足的时间。完善运动休闲区的教育链就是指使学生通过对校园活动的深入了解和学习而形成的对该活动的进一步认识，从而形成一种情感上的认同，而不仅仅是停留在这场活动举办的表层意义上。因此，对大学生的教育要由无到有、由浅入深，使学生形成系统的、切实的思想逻辑。比如学校举办足球比赛，大多数高校都提倡竞技体育，宣扬体育精神，但往往都忽略了足球比赛带给学生情感上和认知上的变化。我们认为一场足球比赛的真正作用在于育人，学生通过一次活动体会到的不仅仅是竞技场上的体育精神，更多的是对体育精神的延伸，最后切实贯彻到体育活动育人的角度上，形成一个完整的教育链条，这才切实适合高校对学生的培养目标。当然，形成一个完整的教育链条需要校园活动的组织者做好活动前期和活动后期的统筹计划工作，为学生提供深化自身思想意识的机会和平台，比如组织学生进行赛后反思，邀请专家或专职思想政治教师进行专题讲座，使学生充分意识到每一场比赛背后所蕴含的意义，这样才能帮助学生树立良好的思想意识。

五、餐饮起居区环境的优化对策

餐饮起居区是学生课后生活的主要组成部分，是学生思想政治教育的重要载体。餐饮起居区通过优化思想载体，组织文化活动，不但有利于促进大学生餐饮起居区文化建设，而且对思想政治教育工作的开展、学生凝聚力的提高有极大的促进作用。

（一）餐饮起居区设施要体现出思想载体作用

餐饮起居区环境建设投入到位是切实加强学生思想政治工作的基础，高校要高度重视餐饮起居区环境的改善。

首先，要重视"自然环境"建设，使楼体外部环境和内部环境都要保持清洁舒适。例如，楼外的绿化美化、楼内张贴的壁画标语或名言警句等能传递给学生不同层次思想信息的文化景观，这些都能营造良好的思想氛围，发人深思，助人自律。

其次，要重视硬件基础设施建设，使学生学习、生活更加便利和舒适，提高学生幸福指数。例如，改善室内家具设备，并提供洗衣房、医疗室、微波炉等配套设施，从实际生活中解决学生困难，给予学生便利，让学生在学校内感受到家的温暖，从情感上达到"润物细无声"的效果。

最后，要重视文化基础设施建设，满足学生在餐饮起居区内业余活动的需要。例如，加大学生阅览室、自习室等附属设施的投入力度，为校园文化活动向餐饮起居区延伸提供一定的物质条件，这不仅是思想政治教育的要求，也是学生自我发展和健康成长的需要。

（二）生活区休闲活动要陶冶学生思想情感

例如：可以在公寓楼内开展大学生公寓文化节，包括感恩教育、团结互助等一系列主题活动，既贴近学生生活实际，又帮助学生树立正确的思想观念；可以围绕大学生关注的热点疑难问题，举办各种讲座、演讲等，既能够让学生积极主动地学习，又能锻炼其表达能力；可以举办文艺汇演，让学生发挥所长，在展现自身风采的同时也提高了自信；可以组织学生参加各种社会实践，积累社会经验，学以致用，自觉建设高层次的餐饮起居区文化。总之，餐饮起居区的活动要以学生为主体，以学生的思想情感为主线，以陶冶学生思想情感为目标，积极营造适合学生发展的思想政治教育环境。

第四节　新时期高校思政课程实践教学方法的创新

一、实施疏导教育

（一）疏导教育的含义

准确把握疏导教育法的基本内涵，要从如下层面入手：一是重视"疏"的作用。疏导教育法是建立在教育双方地位平等、互相交流的基础之上的，即充分发挥了受教育者的自觉主动性，让受教育者讲出心中所想，教育者再根据受教育者具体的问题进行引导，是一种教育主体与教育客体思想、情感互相交流的方法。二是要重视"导"的作用。在教育过程中教育者要发挥主导作用，对受教育者所表达的正确思想观念予以肯定，对于不当和错误的言行进行说服教育，弘扬和宣传正确思想。三是疏导教育法是一种解决人民内部矛盾的方法，应当本着"惩前毖后、治病救人"的原则进行，所以在运用的过程中主要是采取说服教育、真情感化、批评教育和循循善诱等方法进行。由此可见，疏导教育法是由相互联系、相互依存的"疏"和"导"两个方面构成的。没有疏通环节的畅所欲言、广开言路，引导就无法顺利开展；没有引导环节的利导引导、说服教育，疏通也就失去了意义和价值。

（二）落实疏导教育的主要方式

疏导教育法是由"疏通"和"引导"两个方面构成的方法体系，"疏通"和"引导"都有其不同的方式。从"疏通"的角度来讲，有集体表达和个别谈话两类方式。集体表达是指针对群体性的问题让一定数量或特定组织的群众集体表达意见或看法，主要有民主讨论、干群对话等形式；个别谈话是指针对某个人的问题让个人充分表达自己的思想和意见，主要有书信表述、个别谈话等形式。从"引导"的角度来讲，以"导"的不同形式为依据能够把疏导教育法分为以下三个方面。

1. 分而导之

所谓分而导之，是指针对某个群体或个人复杂的思想问题而采取的分散、分步、分头而导的方式。分散而导是指针对某个群体共同存在的思想问题，通过逐个分散引导，对群体中每个成员在思想上存在的问题加以解决，以切断群体内的不良思想串联蔓延的方式，从而将复杂的群体问题化整为零、逐个击破，最终解决群体问题的方法；分步而导是针对个体思想问题而言的，导致个人错误行为的思想是多方面的，教育者要分清主次、分清轻重缓急，要抓住主要矛盾的主要方面，充分挖掘受教育者问题产生的根源，按照一定的顺序有步骤地进行解决；分头而导是指教育者集中各种人力物力，对集中而严重的思想问题进行全方位引导的方法，要整合各种教育资源、利用有利环境对受教育者进行帮助教育，以化解受教者的情绪，解决问题。

2. 因势而导

所谓因势而导，是指教育者要善于抓住有利的时机和环境，对受教育者进行有针对性的、深层次的教育，通过及时的、生动的教育使受教育者真正理解并接受正确、积极的思想。有利的时机可以是正在发生的大事，如建国周年时，可以组织学生集体收看阅兵式，使青年学生通过对我国强大的军队和国防力量的直观了解，感受到伟大祖国的强大，深刻体会中华人民共和国成立以来党带领全国各族人民进行社会主义现代化建设的伟大成就，从而使学生自觉产生爱党爱国的热情，达到教育的目的；教育者也可以抓住某些重大的事件和节日组织开展相关教育活动，如在三月份学雷锋活动月开展的各类志愿服务活动，组织青年学生通过志愿服务的实践，深刻体会到奉献社会、助人为乐的价值，从而引导青年学生积极践行雷锋精神，内化为自身的品德、外化为良好的行为，促进教育对象"知、情、信、意、行"的转化，最终形成良好的思想品德。

3. 启发诱导

所谓启发诱导，是指教育者运用"提出问题—分析问题—展开讨论—统一思想"的思路，引导受教育者积极运用头脑进行思考，并通过思想碰撞和比较分析使受教育者学会透过表面现象探究事物内在的必然的联系；通过对事件正反两方面的解析使教育对象学会用全面的观点来看问题，能够在面对诱惑时保持谨慎，面对挫折时勇往直前；通过开导受教育者改变原来狭隘短浅的认识，学会在看待问题的时候使用全面的、发展的、联系的观点，来开阔受教育者的视野、拓展其思维；通过用已知的事实作为依据，使受教育者认识到不良思想导致的严重后果，以达到其放弃原有的错误想法、走向正确思想轨道的目的。

（三）疏导教育法的基本特征

1. 重视民主平等

这是疏导教育法运用的前提和基础，也是其首要特征。民主平等首先是指在进行教育的时候，教育者与受教育者的地位是平等的，双方以平等的身份进行交流，受教育者有表达意愿和想法的权利；其次是指教育双方要进行互动，对于某特定的问题，教育双方都发表见解，双方要认真聆听彼此讲话并进行讨论，并就其不明白的地方进行提问，就其不同意的内容进行反驳，是一种朋友式、兄弟式的探讨；最后，教育者要对受教育者正确的思想进行肯定，对其错误的思想进行批评纠正，是一个互相交流、互相探讨、互相提高的过程，摒弃了教育者居高临下的一味灌输，不给受教育者任何表达想法的权利的传统方式。

2. 强调主体间性

疏导教育法的主体间性体现在教育主客体之间是相互影响、相互转换的关系。受教育者的主体性体现在可以充分平等地表达自己的意愿和问题，并对教育者的理论有辩论和选择的权利；教育者的主体性体现在对教育活动的组织和设计上，以及对教育对象正确思想的弘扬和错误思想的纠正过程中；教育主客体之间的互相转换体现在教育双方是一种交融性的存在，是一种"主体—主体"的思维模式，即是一种教学相长、青蓝互滋的和谐状态。

3. 注重人文关怀

这是疏导教育法的情感延伸，也是疏导教育法有效性的重要基础。疏导教育法要求教育者认真倾听教育对象的思想和意见，当然也包括情感层面的问题，并且要求教育者将情感内容作为核心话题与教育对象进行交流探讨，在帮助教育对象的过程中不仅是理性内容的灌输，更重要的是情感问题的疏通，只有疏通了情感才能使教育对象以良好的风貌和积极的心态来接受正确的思想。教育者要真正将教育对象当成自己的家人、兄弟和朋友，真正地关心他们、关注他们的实际问题、关注他们的发展；疏导教育法要求教育者肯定人的个性与价值，尊重并关心教育对象选择的权利，维护并支持教育对象的个性发展。

4. 突出强针对性

这是疏导教育法取得实效的基石。疏导教育法要求教育者在认真倾听教育对象具体问题的基础上进行分析辨别、归纳总结。要针对不同教育对象的不同问题采取不同的方法，具体并且实际地为解决教育对象存在的问题提供帮助；对教育对象的合理诉求应该积极地进行反映，搭建好沟通的桥梁；要善于借助各种环境、充分运用各种人力物力条件形成教育合力，帮助教育对象解决大的问题；要借助具体的典型、理想或价值给受教育者以直观的感受和刺激，使受教育者明辨是非、明确努力进步的方向；要关注受教育者个人的要求，帮助教育对象解决与自身成长和发展相关的实际问题，最终使教育对象真正得到帮助。

（四）运用疏导教育法的必要性

从疏导教育法的定义出发，就会发现与一般的思想政治教育的方法最大的不同在于疏导教育法强调对学生的分导、利导与引导，这是强调高校大学生和高校教师思想互动与交流碰撞的过程，而绝非是一种单方面、单向度的灌输。这种方法是符合学生以及社会发展的需要的。

第一，疏导教育法重视民主平等，符合高校大学生和高校教师关系的内核。民主平等指的是教育过程中，双方的地位是平等的，双方都能够平等地表达自己的想法并对这些想法进行充分的交流与互动，同时对于某特定的问题，双方都必须发表见解，而不是思想政治教师占绝对的主导地位。在高校以人为本、立德树人的大的教育背景之下，疏导教育法的这一点恰恰契合了当今学校想要构建的一种高校大学生和高校教师关系。其给学生充分的权利表达自身的思想情感，摒弃了教育者居高临下灌输的这种做法。

第二，疏导教育法强调针对不同的学生采取不同的教育方法为解决受教育者的实际问题提供帮助，这种方法的针对性更强并且能够发挥更大的作用。疏导教育法要求教育者必须认真倾听受教育者思想方面存在的问题与困惑，并且在此基础上对问题进行总结梳理，帮助学生完成自身的成长。整个过程中，都十分注重受教育者自身的看法与感受。教育中，每一个个体都是与众不同的，只有建立在对学生本身个性的了解的基础上，才可以为解决学生思想方面存在的困惑提供帮助，并且与教育的基本规律相符合，也能够更高效、更有针对性地对学生进行教育。

第三，疏导教育法在高校中有很大的适用性，使用起来非常广泛。疏导教育法是随着我党的思想教育的创立而产生的。可以说，疏导教育法与思想政治教育是相辅相成、骨肉相连的。疏导教育法对正处于思想价值观形成关键期的大学生来说，强调对学生本身状况的关注，具有很好的适用性且易于操作，因此在高校当中运用得非常广泛。思想教育工作者常常在不知不觉中使用疏导教育法对学生进行劝导，无论是专业课还是思想政治理论课，教师一般会在与学生进行交流的时候疏导整理学生的思想，与学生有效地交流沟通。但这大部分都是在一种无意识的自主情况下使用的，缺乏具体的训练，也常常导致很多问题的产生。

（五）疏导教育法发展中存在的问题

1. 部分高校不能真正落实民主关系

不管是什么教育，要想在真正意义上被接受，就需要经过受教育者的内化。因此在思想政治教育中运用疏导教育法，应该将高校学生是学校的主人这一本质特征体现出来，并且要进行切实贯彻。在思想政治教育中，需要对民主精神进行发扬，对民主作风进行坚持，尊重高校学生的主人翁地位，对民主环境与氛围进行营造，这样才能让高校学生学习的积极性、主动性、创造性得到充分发挥，让高校学生的民主权利与人格得到尊重与保障；要创造条件让高校学生能够将自己的意见充分地表达出来，并且应该对其进行正确的引导，以培养高校学生的民主精神，促进社会主义校园的建设。但在现实的高校教育中，一些学生与思想政治教师的关系就比较紧张，部分教育者无视作为独立主体的学生具有个人的意志、思想和人格，以及具有自我选择、自我发展的需要和权利。即使应用疏导教育，教育者对教育对象也是居高临下的，他们不允许学生质疑自己的认识，也不允许学生提出与其相反的意见，这样疏导教育所必需的民主平等的特点就被无情地抹杀了，疏导教育法所必需的民主关系要想在高校思想政治教育中得以贯彻就会变得十分艰难。

2. 一些硬性条件不能满足新形势的需要

当前，疏导教育法所必需的物质条件、人力条件等都难以满足现实需要。疏导教育的顺利进行需要足够的场所和设备来满足，但现在高校专业课程任务繁重，教学资源紧张，在这种情况下，一般是思想政治课程为其他课程让步，导致思政疏导教育不能有效开展。

3. 疏导教育法的方式和载体相对落后

疏导教育法要求思想政治教师和学生进行深层次的交流，它是一种双向沟通的形式，但现在的疏导教育法大多还是停留在谈话、书信的层面上，造成疏导教育很难实现预期的效果。要想进行思想政治教育，必须要有一定的载体，对于思想政治教育系统来说，载体是非常重要的组成部分。要想完成教育目标、实现教育任务、传达教育内容以及运用教学方法，教育主体和客体之间的互动等各个方面都需要一定的载体。针对高校学生追求时尚和喜爱高科技的特点，高校学生现在交流偏向于更加高科技的短信消息、QQ消息、微信消息、微博等现代化的交流载体。传统的开会、谈心、理论教育、党组织及学生团体活动等载体已经不能适应现代社会的发展，不能适应高校学生素质的提高。

（六）发展疏导教育法的措施

1. 营造民主的制度氛围

随着我国社会主义制度的不断完善和社会经济的不断发展，我国传统的等级观念逐步被打破，在客观上也为疏导教育中思想政治教师与学生以平等的身份参与到疏导教育中提供了有利的条件。要营造民主的制度氛围应该做到以下两点。

首先，思想政治教师在面对教育对象的时候，应该始终保持平等的态度，尊重他们的权益，让学生自我教育的积极作用得到充足的发挥。让学生能够更加积极主动地接受教育。

其次，在思想政治教师与学生之间建立平等对话双向沟通的机制。例如，建立网站，由思想政治教师轮班在线，当学生遇到疑难问题的时候，不管是什么时候或者处在什么地点都能与思想政治教师进行交流。设立学院短信提醒服务，每周给学生发送温馨的贴士，对学生的生活与学习起到关心的作用。公开书记和校长的邮箱，让学生可以畅谈自己遇到的疑难问题。通过机制的建立，思想政治教师要清楚、完整地了解到学生的疑难问题所在，把学生的错误思想拉到正轨上。平等机制的建立不仅需要思想政治教师和学生的合作，更是一种信任，所以我们要激发学生的积极性，让思想政治教师与学生共同探索民主氛围营造的方法，这样也更能符合学生的心意，更容易被学生接受。

最后，鼓励和支持学生有组织、合理地表达诉求。疏导就是要广开言路、集思广益，要广开言路，就必须创造条件，让学生把各种意见讲出来。学生可以通过广播、微博等合理地表达自己的诉求，尤其是大部分学生都共同反映的诉求，学校应该积极地与学生进行沟通。

2. 创造有利于疏导教育的人力物力条件

疏导教育法的顺利开展需要一定的物质基础，学校要为疏导教育法的开展提供良好的场所，给思想政治教育课程提供合理的课程安排，为思想政治教育课提供新兴的技术和设备。首先，学校要为疏导教育法的运用提供固定的场所和固定的时间，方便高校大学生和高校教师间的交流与融合，学校也要为疏导教育法的运用提供不固定的场所和时间，对于一些突发的问题，矛盾尖锐的亟待解决的问题能够灵活地处理。其次，学校需要为疏导教育法的运用安排相应的课程。每一个方法都有自己的理论知识，有自己的专门概念、范畴和术语，因此在操作方法之前需要对理论进行学习，了解疏导教育法的概念、表现方式、形成原因，等等。在对疏导教育法有了基本了解后，教育者应更加深入地研究疏导教育理论，组成课题小组，在理论成功的前提下，加以实践，从而推进疏导教育的发展。学校要为疏导教育法的运用提供新的技术和设备。如今，几乎没有学生不接触电脑、网络的，所有的学生都不能离开它们，有甚者已经对它们产生了依赖，与各种传播媒介"为伴"已经成为学生生活与学习的不可缺少的方式。学校就是要利用现代学生的这种特点，顺应学生的爱好，在学生的爱好和习惯中贯彻疏导教育。

3. 创新疏导教育法的方式和载体

教育者需要对自己在实践中形成的疏导教育方式进行及时总结，提高对疏导教育的理解，有效地运用疏导教育法。教育者可以加强疏导教育知识和心理学知识的结合，了解高校学生的心理特点，从而跟学生进行更加有效的交流。教育者可以用马克思主义理论教育学生具有高尚的思想道德情操，积极乐观的态度，革命探索的精神。教育者可以加强网络技术的运用，从而扩大疏导教育的应用平台，拓宽疏导教育的应用范围。随着社会经济的发展，传统的书信、面谈在教育中发挥的作用越来越受到限制，学生也不愿意过多地跟教育者当面接触，教育者应该在疏导教育法中加强对于新科技的应用，包括建立局域网络、开通思想政治教师问答专线、手机短信温馨提醒等新科技手段。

二、言教结合身教

（一）思想政治教育的言教

亚里士多德曾说："品质的选择既离不开理智和思考，也离不开伦理品质，因为不论是好行为还是坏行为，都是思考和习惯结合的产物。"而个体所接触或接受的理论、观点以及社会所提倡的价值标准无疑对"思考"的内容以及"思考"的结果产生着重要影响。也就是说，他人及社会中的各种言教对个体采取某种行为前的"思考"有着重要影响。言教不是简单地说说话、写写字，教育者的言教必须讲究艺术。在学校教育中，有很多为人师表的思想政治教师对工作尽心尽职，对学生关怀备至，却不是十分重视对科学的教育方法进行探寻，对学生的接受心理的研究与观察不是很重视，对于"单向灌输"十分痴迷，对"精诚所至，金石为开"的古训的理解存在错误，总喜欢无休止地、重复地"唠叨"往往会造成相反的结果，得不到预期的教学效果，最后"苦口"欲碎，"婆心"见违，但受教育者却对其传授的内容毫无兴趣，置若罔闻。

（二）思想政治教育的身教

俗话说桃李不言，下自成蹊。教育者的言教固然重要，但它与身教这两者之间并不是不分伯仲，而是身教重于言教，因为对真理进行宣传的人能够对真理执行到何种程度，对受教者相信真理的程度起到决定性作用。所以，在人的灵魂中，占据比例最大的"欲望"必须接受"理智"的领导，这样才能实现人的正义。在思想政治教育中，倘若教育者能够身先士卒地践行道德规范，那么受教育者非常容易在情感上与之产生共鸣，想要成为遵守道德、有美德的人。其道德欲望也会因此得到强化，因此能够克服与其冲突的其他感情及欲望，从而引发遵守道德的实际行为，乃至长年累月自觉地践行道德，最终变成一个具有美德的人。

思想政治教师的"尊严"其实就是在自己言谈举止被学生充分肯定的基础上树立起来的；在坚持真理，改正错误中树立起来的。一个没有学识的思想政治教师，学生轻视他，而一个品德不好的思想政治教师，学生鄙视他。在现实中，有个别教育者通常在面对受教育者的时候，以社会公认的、先进的做人规范来教导他们，而在自己的日常工作和生活中，则以自己所信奉或具有的做人规范做人，导致双重人格的形成。这是表里不一的表现，不仅难以让受教育者听其言，信其道，更会引起受教育者的反感。教育者应该要切记自己的每一个举动都是一面镜子，要想自己的"说"具有力量，一定要"做"得好，只有行为是正当的，其言语才能够具有说服力。行为超过了语言，语言才能做到掷地有声。当然，教育者的身教并不是要教育者逐个躬行自己的"所言"，而是自己的"所行"必须符合自己的"所言"，只有语言与行为相一致，人们才有可能真正地对你感到信服。

（三）言教与身教的关系

身教虽然重于言教，可是这并不意味着就可以不重视言教了。思想政治教育工作是做人的思想转化工作，当受教育者出现各种各样的思想问题时，教育者必须先以言教为主要方式对其思想进行疏导，晓之以理，动之以情，使其克服心理障碍。所谓"人言可畏""三人成虎"也充分说明了"言"的重要性。

言教与身教两者之间既有区别又有联系，是辩证统一的关系。首先，身教不能脱离言教，对于身教来说，言教是其内涵、纲领以及路标，而让受教育者相信其言的内容是身教的目的。其次，言教不能脱离身教，身教是言教的释义、实践和行动，相对于言教来说，身教更加的具体、生动、形象，甚至身教是对言教最生动、最逼真、最权威的解释，是一种无声的命令。

俗话说"运用之妙，存乎一心"，掌握科学的方法对提高教育效果、达成教育目标起着至关重要的作用。言教与身教作为思想政治教育的重要方法，如果能够运用得好，可以实现预期目标，提高受教育者的道德水平，如果运用得不好，不仅难以实现目标，而且还会适得其反，产生负面作用和消极后果。所以教育者不仅应该做到言之有理，而且应该做到反躬自身，身体力行。在思想政治教育中也是同样，每一个受教育者对教育者也是要听其言、观其行的，只有教育者自己首先做到言行合一，受教育者才会信其言，从其道，内化各种优良道德，做一个有美德的人。

（四）言教与身教有效结合的途径

思想教育工作者要做到言教与身教有效结合，必须做到以下两点。

首先，必须努力使自己成为学习和实践马克思主义、宣传和贯彻党的路线方针政策的模范。努力学习党的路线、方针以及政策，对其进行宣传，并且身体力行，是思想教育者党性原则的表现，也是思想教育工作者的一项基本的工作职责。所以，教育者必须处处为群众利益着想，同任何破坏党的路线方针政策的行为斗争，同时，还要用党的路线、方针、政策教育群众，使之变为群众的自觉行动。

其次，思想教育工作者还必须严于律己，在社会生活的各个方面起表率作用。不论是端正党风也好，进行思想教育也好，领导干部和思想教育工作者都必须以身作则，成为群众的表率。身教在先，言教才会更具有信服力，言教与身教有效结合才更能达到预期的教育效果。

三、树立优秀榜样

（一）榜样教育法的定义

所谓榜样教育法，就是从全体中选择出在某方面相对优秀的个体，强调其先进思想和优秀事迹，借此对其他个体进行指导和教育。在德育教育中，榜样教育的作用是不容轻视的，它具有示范性、生动性和激励性等特征。教育者要想自己的教育获得更好的结果，就必须要对上述特征有充分了解，将受教育者本身的积极性激发出来，并且对受教育者的潜能进行挖掘。在恰当的时间先择合适的榜样，对于教育者的个性发展与个人素质的提高可以起到促进的作用。要想让个体身心发展的需要得到满足，对其人文理念进行完善，借助榜样教育法让受教育者的综合素养得到提升是必不可少的。

（二）榜样教育法运用存在的问题

1. 思政课程不够重视榜样教育法的运用

（1）不重视运用榜样教育法

部分思政课中采取单一灌输教育模式，忽视榜样教育法的运用。时代在发展，大学生的思维方式也会因此而产生变化。有些高校运用的仍然是过场式"听课"的思政课堂，思想政治教师讲课，学生听讲，思想政治教师与学生之间缺少交流，思政课堂也几乎没有互动。极少数的思想政治教师在思政课堂中运用的仍然是单一的"填鸭式"教育，做不到多种教育方法的综合运用。就算是使用了榜样教育法，其目的也只是让课程更加完整，在向学生传达榜样精神的时候，只会采用口头讲述的方式。

（2）部分思想政治教师做不到以身作则

榜样教育法在思政课中的运用在很大程度上体现为教育者自身对大学生的榜样教育，教育者的一言一行都会对学生产生重要的影响。在进行实际教学的时候，少数思想政治教师作为思想教育者，不能给大学生灌输积极向上的思想观念和道德价值观，在高校思政课堂上随意发表消极不当的言论。甚至还有极个别教育者做出违背道德、触犯法律的行为，更是对大学生造成严重的负面影响。思想政治教师不能发挥模范带头作用，这是榜样教育法在高校思政课堂上失效的重要表现。

2. 大学生难以真正学习观察榜样精神

榜样精神难以切实贯彻到具体的榜样行为的一个重要的表现就是，大学生并非不想而是不能完成自己的知行转化。很多大学生表示，每次听完榜样教育的讲座或者观看完榜样人物纪录片都会深受触动，精神受到鼓舞。然而，受教育者在接受和认可榜样精神之后，却无法保证榜样行为得到切实贯彻。要么是因为对榜样精神的感慨难以长时间持续，还没等去做那股热情就没了；要么是因为榜样实在离自己生活太遥远，找不到方式去切实贯彻。现实情况下，榜样教育活动很难切实贯彻到某一具体部门，也就很难有常规性、标准化的实践活动，也难以进行持续的跟踪和监督。众多原因都导致大学生没有将实践榜样精神看作是一个必须完成的环节，不能及时或者长久地实现榜样精神的知行转化。

（三）强化榜样教育法运用的途径

1. 完善榜样教育法在思政课程中的运用

（1）践行社会主义核心价值观

社会主义核心价值观是当代中国精神的集中体现，滋养于中华优秀传统文化。社会主义核心价值观在宏观上为榜样教育的发展提供了清晰明确的方向保证。

其次，榜样教育要坚持选树多种类型的榜样。社会主义核心价值观蕴含着国家、社会、个人多层次的道德要求，高校榜样教育选择榜样应当坚持多样化，展现热爱祖国、奉献人民的爱国精神，自强不息、砥砺前行的奋斗精神，与时俱进、锐意进取的改革创新精神，辛勤劳动、创造未来的劳动精神。

（2）思想政治教师要自觉成为时代榜样

首先，思想政治教师要不断提升理论文化水平，用新思想对自己的头脑进行武装，坚定理想信念，增强综合素质。

其次，思想政治教师要提高自身道德修养，以德服人，以德育人。思想政治教师不仅要教给学生理论知识，更要培育学生优良的思想品德。思想政治教师要严于律己，以自身高尚的道德情操对学生进行潜移默化的熏陶和影响。

2. 发挥大学生自我教育的作用

学校要净化校园网络环境，营造健康的网络学习榜样氛围。随着科技的快速发展，互联网已经全方位渗透到大学生的日常生活当中。大学生身处的校园环境不仅包括实体的校园环境，还包括虚拟的网络校园环境。目前，各大高校几乎都有内部的网络共享平台，比如官方网站、微博、微信公众号等。互联网传播的广泛性、快速性、盲目性等特点都对校园网络环境的健康度产生一定影响。学校要充分发挥互联网的积极作用，利用网络宣传正面典型的积极影响。

（1）提升对榜样的认同

首先，大学生要加深对榜样的深层认知。一方面，大学生要关注不同类型、不同层次的榜样群体，不同类型层次的榜样闪耀着不同色彩的光芒。除了要学习和了解与自身联系密切的榜样群体，大学生也要加深对其他层次榜样的了解，接受多种榜样精神的熏陶，促进自身的全面发展。另一方面，大学生要通过多种途径全面、完整地认识榜样。媒体对榜样的宣传和报道往往是弘扬其主要的精神品质，大学生要深入挖掘榜样事迹和榜样行为，要不断提高判断是非的意识和能力，避免因为认知的片面性而产生对榜样的误解和扭曲。

其次，大学生要提升对榜样的认可。党和国家对榜样进行评选和表彰，是由于其对国家和人民做出了巨大的贡献。社会对榜样精神进行宣传和弘扬是因为其代表了社会主义核心价值观，代表了社会主流价值方向。榜样模范人物计利国家、无私奉献、艰苦奋斗，促进了国家的富强和民族的振兴，是时代的楷模。大学生群体要对做出巨大贡献的人们给予鲜花和掌声，坚决反对攻击和侮辱。青年大学生要自觉避免不良文化思潮的影响，坚定社会主义理想信念，加强对榜样人物和榜样精神的认可度。

（2）用行动践行榜样精神

一方面，大学生要积极参与校内榜样教育实践活动。高校是榜样教育的主阵地，也是大学生成长和发展的主要平台。大学生要积极响应学校的号召，用行动支持榜样的宣传教育活动；积极参加校内榜样的评选和选拔活动，促进榜样选拔机制的民主性和透明化，发扬自身的主体性作用；支持和协助学校组织的榜样宣传活动，了解榜样事迹，学习榜样精神。尤其是党员、学生干部要充分发挥示范引导作用，在学习生活中坚定理想信念，关心其他学生的生活与学习，并且在他们遇到困难的时候，为其提供帮助，成长为道德与品质都优秀并且乐于助人的学生榜样。

另一方面，大学生要乐于参加社会上的榜样实践活动，自觉在生活中发扬榜样精神。大学生不仅成长在高校环境中，更扎根于社会大环境中，是社会的一员。大学生要积极响应国家号召，参与学榜样的社会活动；积极响应国家政策，敢于到基层服务国家和人民，敢于在艰苦的环境中彰显自己的价值，大学生只有在奉献社会中才能真正实现自己的个人价值。

3. 形成尊重榜样和学习榜样的良好社会环境

（1）家庭教育父母要做好榜样

家庭教育要注重家教。模仿是人的天性，榜样教育法更是依据人的模仿心理。家庭教育中父母要做好孩子的表率，担负起教育孩子的重任。上行下效，父母遵纪守法，孩子便不会罔顾法律；父母勤俭持家，孩子便不会铺张浪费；父母知书达礼，孩子也会文明礼貌。父母应该用实际行动对孩子进行教育，让其能够践行社会主义核心价值观，并且引导他们热爱祖国、热爱人民，传播中华民族传统美德。

（2）营造浓厚的校园榜样教育环境

学校榜样教育宣传要常态化、多样化。榜样教育法在高校思想政治教育中的运用应该在日常的校园活动中就有所体现，而不是仅仅体现在思政课程上。榜样教育的各个环节应当在高校活动当中常规化。组织学生参与榜样的选树和宣传既可以营造良好的氛围，又可以增强大学生对榜样的心理认同感和崇拜感。常态化的学习、宣传榜样活动可以降低榜样教育的政治性和官方性，成为大学生自己的实践活动。榜样教育活动要打破传统自上而下的宣传模式，发挥大学生的主动性和积极性。学校还要支持高校思政课堂实践活动、学生会社团的课外活动，鼓励实践教学。

（3）政府要健全学习榜样的激励机制

政府首先要做好榜样正当权益的保障机制。榜样人物最基本的权益必须受到社会和群众的尊重和维护，这也是对榜样最基本的尊敬。政府要做好榜样人物的权益保障，从制度上保护榜样的正当权利，从根本上给社会大众一剂"定心药"。政府还要做好榜样行为的奖励机制，心理学家班杜拉提出的"替代强化理论"为榜样奖励机制提供了重要的理论支撑。该理论认为，模仿者会因为看到榜样受强化而受到强化。如果学习者看到榜样主体因为榜样行为而受到表彰或奖励，那么他就认为自己也会得到奖励；如果看到榜样主体因为榜样行为而受到损害，那么就会认为自己也会受到损害。政府给予榜样行为的鼓励和奖励会成为一种积极的诱因，增加社会其他成员学习榜样行为的频率。

四、生活化教学方法

高校思想政治教育生活化是提高大学生思想教育效果的"关键一招"，高校教育者应以相关的理论为指导，转变教育思想，更新教育理念，将教育理念回归日常生活，把教学方式融入现实生活，教学过程以学生为本，学校管理方式贴近生活，使教育和管理与生活并驾齐驱，相向而行，最终使教育融入生活，用生活来教育，为了生活而教育，以提高高校思想政治教育最终效果。

（一）教育理念要回归日常生活

1. 凸显教学内容的生活性

教学内容包含教育者传递的理论知识和教育思想，如何更好地让学生理解理论知识并接受教育，选取贴近生活、融入学生生活经历的教育素材至关重要。第一，选取具有生活性的教育素材。生活是具体的，不是抽象的，也不是悬挂在空中触不可及的。思想政治教育是做人的教育，必须选取生活中真实的、客观的、可靠的教育素材，虚假的、不合时宜的素材只能取得适得其反的效果。因此教育者在选择教育素材时应做到"因事而化"，即要与学生生活中发生的大事、小事相联系；"因时而进"，即要与生活"现时"相呼应，教育素材应与时俱进，反映时代发展特色；"因势而新"，即要根据新时代社会发展大势，现代生活发展趋势，选择富有时代内涵的教育素材。教育者在生活中要有一双发现教育素材的"慧眼"，善于发现生活中不断发生的"大事"和"小事"，在教育过程中要精心挑选与教学内容或学生生活相关的热点事件、生活故事，找准切入点，注重与教学内容的契合性，以及对学生教育的针对性，将故事与理论相融合进行教学。教育者在教育过程中，要设置与生活相关的议题，创设与生活相关的情境，注意话语的趣味性、亲和力以及学生的接受程度，运用生活中众所周知、耳熟能详、贴近学生的话语对教学内容进行阐释，提高教学的艺术性、趣味性，使学生倍感亲切，从而深化认知，转化行为。

第二，在教学中融入学生生活经历。使学生的思想和行为符合社会行为规范，更具有道德意义，是思想政治教育的基本诉求。对于新时代大学生来说，谁讲不重要，更重要的是讲什么，所以教育者应多关注学生经历，在教学过程中"投其所好"，充分调动学生学习的积极性，引导高校大学生把生活中遇到的人、事、困惑与喜悦在高校思政课堂中进行展示和分享，同时，结合所讲内容与其困惑和喜悦相结合，解学生之所忧、之所困，那么思想政治教育就可以直抵学生内心最深处，不仅符合学生的"口味"，还可以取得良好教育效果，可谓是一举两得。除此之外，学生多年的生活和学习经历，在头脑中形成了自己的知识结构，这些已有的认知对于学生学习新知识的影响不言而喻，如果新学习的知识和大脑中已有的知识相近，那么学生的学习速度就会加快，否则，学习效果大打折扣。所以教育者在教学过程中，一定要通过多种途径多方面地了解学生已有的认知、需求和生活经历，在教学过程中融入相应的生活元素，在教授新知识时尽可能多地考虑学生头脑中已有的认知，利用学生头脑中已有的认知同化新知识，以使学生更好地学会新知识并在生活中运用新知识。

2. 凸显教学目标的适用性

教学目标制定得是否恰当对提高教学效果至关重要。教学目标的适用性就是在对学生进行教育过程中，制定贴近学生，又具有一定的理想性的目标。当然，这种理想并不是高不可攀的，是经过努力可以实现的。为了更好地凸显教学目标的适用性，教育者在制定目标时要重视目标的差异性和现实性。

第一，制定差异性的教学目标。大学生来自祖国的五湖四海，学生的受教育水平和学习能力参差不齐，所以教育者在制定教学目标时要考虑各种因素，做到具体问题具体分析，分层次制定教学目标，而不是千篇一律，不能提出与学生现有水平相差较远的教学目标，在制定目标时既要有与学生生活相关的"小目标"，也要关注学生可能达到的高度，制定相对高一点的"大目标"。"小目标"可以融入学生生活，使学生在生活中就可知、可感、可行；"大目标"可以使学生"跳一跳"通过自身努力去实现，增强学生的自信心。除此之外，制定差异性的目标还要关注不同的学生群体，对于高年级学生，由于他们的思想已经比较成熟，所以在目标的制定上就可以层次高一些，对于低年级同学，由于他们生活阅历和经验不够丰富，就要制定层次低一些的目标。针对同一群体，由于学生的思想发展快慢不同，目标也应有所区分，例如针对学生党员和学生干部这个群体，在目标制定上应有一定的区分。但无论针对哪一类学生群体，制定什么样的目标，目的只有一个，就是有针对性地改善学生思想，用"精准"的目标来对学生进行教育。

第二，制定现实性的教学目标。现实生活是我们每人每天都能切实感受到的，教育者在制定"思政课"教学目标时必须关注现实生活，制定具有现实性的教学目标，而不是制定脱离生活、脱离现实"高、大、空"的目标，我们培养的是生活中的人，目的是学生在现实中更好地生活，而不是对学生提出过分的不符合实际的要求。教育者在制定教学目标时，应多关注"中间地带"的学生，制定符合大多数学生生活实际的目标。当然，关注"中间"并不是忽视"两端"，因为中间的人数多，是生活中的主力，他们的思想状况会影响到整个群体的思想状况。所以，一定要以实际为依据，把对学生的思想政治教育作为出发点，而不是把学生当作某种"手段"，应制定"有血有肉"具有现实性的教学目标。

（二）教学方式要融入现实生活

1. 运用情境教学法和心理咨询法

新时代大学生思想变化是多样的，传统的育人方式难以吸引学生的注意力，调动学生的"胃口"，必须采取富有吸引力和针对性的育人方式来改善学生的思想，情境教学法和心理咨询法是高校创新思想政治教育教学方式且富有成效的重要方法。

第一，注重运用情境教学法。知识不能脱离情境而单独存在。首先，教育者可以采取情境再现的方式，将生活中发生的与教学内容相关的场景，通过多媒体或学生表演的形式再现出来。其次，可以查找生活中发生的真实故事，结合教学内容一起讲授，这样不仅可以"寓教于乐"，而且可以增加对学生的吸引力。最后，可以直接将学生生活中发生的具有教育意义的故事"搬"进高校思政课堂，这样对学生的教育是直接的，而且可以使学生感受到"如见其人"和"如闻其声"的效果。但无论采取什么样的形式，其目的就是让学生在感受真实生活世界的过程中，以一种"独特"的且学生非常熟悉的方式来"反观"生活，引发学生的思考，提高育人效果。

第二，注重运用心理咨询法育人。现如今大学生的人际交往、就业等各种压力纷至沓来，对学生的影响可能不仅只是思想上的，心理上的障碍也是有可能产生的，所以引导高校大学生转变思想仅靠对学生的思想教育或学生自身的调节可能是难以"见效"的，因为学生有些问题看起来是思想问题，实则是心理问题。所以我们应"双管齐下"，教育者可"另辟蹊径"采用心理咨询的方法对学生进行心理干预，帮助学生理性看待自己，辅助解决学生思想上的问题，促进其全面发展。

2. 重视社会实践育人方式

第一，注重社会实践的育人性，改变传统高校思政课堂"孤岛"式教学。实践教育是人全面发展的决定性因素，不仅要使学生在高校思政课堂学习理论知识，还要使学生在实践中进行自我教育，毕竟生活是动态的，不是一成不变的。这种体验是学生亲身感受到的，不是表演、展览等"伪装"出来的，这就犹如学习游泳一样，其效果是真实的、有效的。除此之外，从纵向来看，社会是学生最终的"归宿"。从人生的发展阶段来说，学生的学校生活仅仅是人生的一个阶段，然而人并不是只有在学生时期需要教育，人生的不同阶段都需要教育，而且其内容由于成长阶段而不同。对人的教育是一个终生的过程，那么这个教育的课堂就是社会这所大学。从横向来看，对学生的思想教育不能只在校园内进行，也要在校园之外开展，不能使学生成为在校园之内是道德的人，校园之外就是"无恶不作"的人，所以转变教育方式，引导高校大学生进行社会实践是非常必要的。

第二，注重社会实践的育人性，改变传统"知识性"教学。学生的发展是整体的、全面的发展，学生全面发展的前提是掌握一定的知识，除书本知识外，生活实践中体验感悟到的知识同样也是学生全面发展不可或缺的一部分，且通过实践获得的知识更具"实战性"。如果回想人类最初的思想道德教育，毫无疑问都是在生活、生产中开展的。学生思想的改变需要一个过程，不是45分钟就可以"瞬间"实现的，而且这个改变需要课上课下协同进行。现在高校对学生的思想政治教育是以教材为基础，是在高校思政课堂中进行的，是在"科学世界"中进行的，但这样的教育是不全面的，因为"科学世界"是以"生活世界"为根基的，是从事"专门"教育活动和知识传授的"世界"。所以，生活才是对学生进行思想政治教育最基本、最全面的世界。"纸上得来终觉浅，绝知此事要躬行"，学生在高校思政课堂中、教材中学到的关于道德教育的知识，是普遍且具有共通性的，而社会生活中有大量的道德教育知识是不可言的，且对学生思想观念的影响具有一定的特殊性。有些道德教育知识是"搬"不到教材中去的，是教育者说出来，但学生不一定真正能够深刻领悟到的，需要学生必须亲身体验才能体会、感悟出来，因此，教育者必须创新教学方式，引导高校大学生在生活中进行实践、体验、感悟，使学生"游离"在"科学世界"和"生活世界"中，做一个全面发展的人。

（三）教学过程要以学生为本

1. 尊重学生的主体地位

第一，将"灌输"式教学向启发式教学转变。传统的灌输式教学多采取老师讲、学生听的方式，在这种情况下，高校大学生和高校教师之间不是平等对话关系，思想政治教师是知识的"搬运工"，搬运的知识就是"圣经"，这样的教学是脱离生活世界的教学方式。与之相反，启发式教学是符合时代发展要求的教学方式，启发式教学强调思想政治教师要引导高校大学生学习，做学生学习的"助产士"和"促进者"，要求高校大学生和高校教师双方平等对话，一同探索真理。首先，教育者在教学过程中要发扬教学民主，转变以往高校大学生和高校教师之间"主体—客体"关系，建立一种"主体—主体"交互式高校大学生和高校教师关系，在教学过程中做学生学习的"引路人"，高校大学生和高校教师双方相互配合，实现预定目标。其次，学生的很多感悟是在生活中体会出来的，在相互交流过程中思想政治教师要调动学生关注生活的积极性，将知识的学习与生活紧密相连，寻找知识和生活的契合处和交汇点，这样可以增加学生对生活的热爱之情，也可以形成良好的高校思政课堂学习氛围。因此，教学方式的转变，不仅是高校大学生和高校教师双方平等主体地位的体现，更是转变教育思想，提高教育质量的必然选择。

第二，融入情感因素激发学生将知识运用到现实生活中的自觉性。情感需一直贯穿教育过程的始终，教育者在教学过程中做到以学生为本，与学生平等对话，可以激发学生学习的积极性。但如果在高校大学生和高校教师交往过程中不融入任何情感色彩，仅是"你说我听"，那么高校大学生和高校教师之间的交往便是"冷淡"的；如果没有情感的"掺杂"，那么教育者的教仅仅是教，学生的学也仅仅是学。所以教育者在教学中要投入情感，进行有"温度"的教育。对于教育者来说，在教育过程中以情感为基础，有情感地对学生进行有"温度"的教育，可以直抵学生内心深处，触动学生心灵，达到预期目标。因此，对于教育者来说，思想政治教师应"换位思考"，在教学过程中站在学生角度，体会学生真实的情感，用"爱"去关心学生，用"情"去感化学生，缩短高校大学生和高校教师之间的心灵距离，这样的教育效果必然会显著提高；对于学生而言，在学习过程中如果能体会到情感的存在，必然就会激发学生端正学习态度，对于知识的学习就不仅只是停留在认知层面，而是更进一步达到对知识认同并践行的程度。除此之外，情感的存在可以使高校思政课堂变得更加"温暖"，更好地吸引学生关注高校思政课堂，热爱高校思政课堂，教师要因势利导使其进一步关注生活，热爱生活，这就会形成一个良性互动，把"让我做"转变成"我想做"。因此，教育者在教学过程中需要在尊重学生主体地位，融入情感因素，以激发学生对知识的渴求和对生活的热爱。

2. 重视对学生的引导

第一，注重教育者在教学过程中的引导作用。教育者是学生成长和发展道路上的"领路人"，应弘扬"工匠精神"，潜心研究教育教学，注重自身在学生的学习和思想上的引导作用，做好方向的引领。教育者要采取有效的方式，唤起学生的学习主动性，而不是采取耳提面命的方式，迫使学生学习。这不仅不利于学生主动性的发挥，也会引起学生的反感，限制学生自我发展意识的形成。

首先，教育者要引导高校大学生转变其对待生活教育的态度和思想，改变以往耳提面命式的教学，这样的教学不能起到根本性作用，教育效果只能是"事倍功半"。其次，倡导生活化的教育不仅是要思想政治教师转变教育理念和教学方式，最主要的是为了学生思想的转变，如果学生在思想政治教师的引领下在日常生活中做个有心人，关注生活对自身的教育意义，那么取得的教育效果定是"事半功倍"的。所以教育者在教学过程中应有意识地引导高校大学生关注生活，把生活的教育作用潜移默化地融入教学过程中，有针对性地解决学生思想上对生活育人的偏差，引导高校大学生去认同和践行生活教育。因此，教育者有针对性的引导是取得绝佳教育效果的关键。

第二，以学生的需要为导向开展教学工作。首先，教育者要调整与学生之间的"焦距"，近距离接近、观察学生、关心学生，做到从学生中来，到学生中去，深入"一线"，了解学生的困难和思想上的"结"，以学生的需要作为教学的起始点，根据学生关注的"点"制定具有一定针对性的教学方案。其次，在关注学生现实需要的同时，也应注重现实需求与长远需求的有机结合。教育者可以根据自己的教学经验和学生的需求层次，在满足现有需要基础上，引导高校大学生追求更高层次的需要，从而使其树立远大理想，进行自我教育，这样既尊重了学生的主体地位，又对学生进行了"接地气"的教育。最后，通过多种途径满足学生的合理需求，无论是满足精神的需要还是物质的需要，其目的是在尊重和满足学生需要的过程中对其进行多方面教育。

（四）学校管理方式要贴近现实生活

学校对高校大学生和高校教师的考评方式和考核标准对高校大学生和高校教师的导向作用是巨大的，直接影响高校大学生和高校教师工作和学习的"着力点"，所以学校必须从高校大学生和高校教师的现实生活和实际需求出发，来完善对高校大学生和高校教师的考核评价机制，为高校大学生和高校教师提供有针对性的工作和学习导向。除此之外，与学生每天相伴的校园环境，发挥着对学生隐性教育的作用，因此学校必须重视校园环境的育人作用，发挥其隐性育人功能。

1. 改进对高校大学生和高校教师的考核评价机制

学生是活生生的个体，对学生评价机制的优劣会影响其学习的自觉性，对学生的考评应改变传统的单一的以"分数论英雄"的考评方式，倡导多样化考评方式和标准，对教育者应调整和完善思想政治教师考核方案，形成多层次、多样化的考核体系，要找到二者之间的平衡点。

第一，优化对学生的考评方式，倡导多样化考评标准。学生的品德优劣不是一张试卷可以测出来的，对学生考核评价应采取多样化的方式，从而对学生有一个全面的、全方位的了解，同时也可以改善学生对分数的过分追求。首先，完善对学生的考评方式。目前学校对学生的考核评价仍以考试为主，如果一时难以改变这种评价方式，我们可以转变思想，更新理念，改变考试内容，围绕学生的实际生活设置适当的题目，例如多出现生活中的案例，使育人和考试"相向而行"，实现考试和育人"两不误"。其次，注重对学生的过程性考核，关注过程性"动态"考核方式，引导高校大学生参加社会公益活动，在此过程中观察其思想和行为的变化情况，通过观察学生在活动中的表现来考核学生的实践能力和合作能力等。最后，实现评价主体多元化。对学生的考评只是通过考试和社会实践等评价，且考评者仅是教育者，这是单方面的，难以做到对学生的全面考评，我们可以探索除考试和实践之外的其他考评方式，例如同学同伴群体之间互评，他们之间每天朝夕相处，互相"知根知底"，对彼此在生活中的表现了如指掌。同时还可以在教育者的引导下进行自我评价，虽然这种评价可能会出现"虚假"情况，但学生在经过"扪心自问"这个"痛苦"的过程之后，对学生的思想定会有所冲击。总之，无论采取哪种评价方式，一定要形成考评合力，并且要健全考评结果的反馈机制，总结考评经验，从而制定更加有效的考评方案，更好地发挥考核标准的导向作用。

第二，调整思想政治教师考核评价导向，多方面完善思想政治教师考核评价标准。教育要发展，思想政治教师是关键，考评标准对思想政治教师的工作方式和教学行为具有较强的导向作用，决定着教育者将主要精力用在哪些方面，所以高校应结合学校的教与学的实际情况，制定"个性化"思想政治教师考评要求。首先，在进行思想政治教师培训时应注重对其给予方向性引导，将生活教育理念作为培训的重要内容和主要方面，引导思想政治教师在教学方式和教学内容方面上下功夫，在考评时注重对高校思想政治教师教育理念、教学方式和教学内容生活化方面的考评。其次，完善学生对思想政治教师的评价标准。在学生对思想政治教师进行教学评价时，把思想政治教师在讲授教学内容时是否与生活相联系，是否引导高校大学生关注社会热点事件和热点话题，是否关注学生的思想状况，是否选取"接地气"的教育素材，是否制定贴近学生实际的教学目标等作为考核内容，发挥学生评价的反馈作用。最后，改进思想政治教师听课标准。把思想政治教师在讲授新课过程中是否关注生活，是否把知识与生活相联系，是否做到"以生为本"作为思想政治教师互评的参照标准。总之，通过完善对思想政治教师的考评标准，做到具体问题具体分析，制定符合本校实际的思想政治教师考核评价体系，以促进教学质量的整体提升。

2. 注重发挥学校环境的隐性育人功能

学校必须重视校园环境的育人作用，物质环境和文化环境同等重要。第一，注重校园物质环境的育人性。校园物质环境是"有形"的，学生可以看得见摸得着。除了注重校园建筑等"大型"环境的育人性，还应关注校园"小型"环境的育人性，诸如在食堂、图书馆等张贴相关育人标语，这些看似"不起眼"的标语，对学生思想的影响却是无声的。图书馆是学生学习的"主阵地"，教学楼是传授知识的主要场所，可以在图书馆和教学楼等主要场所摆设一些雕塑、名人画像等具有文化底蕴的物件，将没有生命的建筑赋予"生命"和"灵性"，这样对学生的教育可以达到事半功倍的效果。除此之外，食堂、宿舍和图书馆等的工作人员"时刻"陪伴在学生的校园生活中，他们的言行或多或少地会影响到学生的思想，如果他们素质既高又能够尽心尽力做好本职工作，那么学生感受温馨的服务之后对其思想的影响可想而知。所以，学校对他们应做到定期培训，以提高他们的整体素质，发挥服务育人作用。

第二，注重校园文化环境的育人性。校园文化环境是"无形"的，但对学生思想的影响却是巨大的，它可以陶冶学生的情操，塑造学生的品格。除此之外，活动是进行隐性教育的最好方式，是隐性思想政治教育的主要渠道。在校园内开展积极向上、丰富多样、有艺术气息的文娱活动是对学生进行隐形教育的有效途径。学校必须充分利用校园活动的隐性育人作用，既要调动学生参与活动的积极性，又要结合活动对学生进行思想政治教育，实现全程育人、全方位育人。首先，学校可以利用重大纪念日、重要节日深入进行爱国主义教育，例如在抗日战争胜利日、建党节、国庆节等这些非常具有纪念意义并可以"点燃"学生内心"火焰"的节日举行各种各样的活动，以激发学生们的爱国之情和报国之志。其次，学校可以利用大型会议开闭幕式、升国旗仪式等具有仪式感的活动对学生进行思想政治教育。最后，学校可以组织学生观看具有代表性的党和国家的一些重要会议，例如党的十九大开幕会等，这对学生的思想影响是不言而喻的。通过对校园文化环境不同方面的关注，从而形成拼搏、向上、进取的校园文化氛围，这对改善和提升学生的思想是不可或缺的。

五、"融入式" 实践教学方法

"融入式"高校思想政治工作坚持以人为本理念，注重潜移默化育人，切实开展第二高校思政课堂，鼓励实践教学，奉行因材施教原则，提升整体素养；利用人文情怀培育的融入、各种信息媒体的融入以及思维水平训练的融入，在具体的实践教育工作中实现了显性教育和隐性教育的结合，同向联系与反向联系的结合，文化资源与教育资源的融合，以提高高等学校思想政治教学的实际效果，进一步开展高等学校的思想政治课程的教育体制的革新。

（一）实践教学案例

"融入式"高校思想政治理论课教学在原有的思想政治教学形式的前提下，利用人文精神培养的融入、信息技术教育的融入以及创新精神教育的融入，构建了一种让高校学生喜爱的生动有趣的政治思想教学方式。

1. 融入人文情怀培育

高等学校学生的人文精神关系到人的情绪、生活态度和价值观各个层面。对于思想政治教育工作者而言，其希望学生不但具有科学精神，而且具有良好的审美能力，还要具有优良的思想政治素养，学生的思想政治素养怎样，直接关系到国家的未来。人需要塑造灵魂，人文情怀融入思想政治工作，弥补了这一教育缺失。因此要注重人文情怀的融入，探索思想政治教育的新模式。

例如，天津大学 2015 级马克思主义学院硕士生班积极响应国家"全民阅读"号召，丰富学生精神文化生活，营造高雅校园文化氛围，定期举办"含英咀华，书香思政"高校大学生和高校教师读书分享会，笃行了"进德、修学、储能"的育人理念，在高校大学生和高校教师互动交流的过程中融入人文情怀，学生在潜移默化中受到文学熏陶，综合素质得到提升；为进一步推进思想政治教师教育改革，创新思想政治教师培养模式，增强师范生"学高为师，身正为范"的思想意识，实现专业技能与行业要求的零距离，定期举办思想政治教师基本功大赛，传承"百年大计，教育为本；教育大计，教师为本"的精神；把握学生思想动态和生活特点，立足学生实际，为学生提供良好的学习生活氛围，定期开展微视频大赛，在各种比赛与集体活动中进一步融入人文情怀。

除此之外，其注重专业内涵建设，注重人才培养，立足学科和专业建设，狠抓教风、学风、考风，实施诚信考场，全校范围内首次开展无人监考，得到老师、领导的一致认可。通过人文情怀的融入，达到了思想政治教育育人的良好效果。

2. 融入网络宣传媒体

思想政治教学的新媒介必须同传统媒介融合，提高效率。现在微文化发展的速度很快，高校学生的选择面更大，假如仅把过去教学的内容和形式如法炮制，是不容易产生效果的，应当正确把握现代高校学生的思维和行为方式，从他们的现有生活找到有效的方法。

所以，高校要接受大学生信息文化接受途径的新变化，积极参与创造网络电视、广播于一个整体的校内网络宣传新媒介，全面运用网络丰富的传输方法和科学的传媒技术，适应时代的需要，加强思想政治教育，建设校内新颖时尚的视听媒介生产和播放平台。要加强学生的主人公意识，调动他们参与学校思想政治宣传教育工作的积极性。面对网络对当今思想政治教育的影响和挑战，各高校坚持教育与服务相结合，调动学生参与的积极性，推进网络宣传媒体的融入，充分利用毕博网站、QQ 练习等方式进行形式多样、喜闻乐见的思想政治教育。

（二）实践教学的经验总结

在高等学校思想政治教师的带领下，这种"融入式"的思想政治教学旨在加高校思政课堂教育、具体的实践教育、信息教育的密切联系，显示思想政治教学的政治性、情感性、灵活性，全面切实贯彻提高高等院校学生的思想政治水平，让他们能够健康成长。

1. 坚持以人为本的理念

高等学校作为社会主流思想意识形态主阵地和先进思想传播的前哨，承担着革新和发展政治思想工作形式的重任。而"融入式"的思想政治课程教育体制改革的创新必须满足人的全面发展的要求，既需要立足高校实际，坚持全员、全程、全方位运行机制，面向全体，基于专业，强化实践，贯彻始终，一切从大学生的实际出发，又需要强化对学生人文情怀与认知能力的培育，在育人核心理念上坚持以人为本。

例如，厦门大学在思想政治理论课实践教学过程中，实施思想政治教师带队，组织学生参加一系列实践教学活动，并取得了丰硕成果。其从人可以全面发展的视角，本着对人的无声的影响的原则，切实达到尊重每一个人，关心每一个人，激发人的潜能，激活人的创造力，并通过摆事实、讲道理，满足学生的个性发展，使学生多方面的潜能得到充分发挥，促进个人的发展与整个社会的进步。并且，在教育之中融进我国的传统美德、心理健康知识、优秀历史故事等，不但提升了思想政治工作的有效性，还达到了润物细无声的作用。

再如，中央财经大学社会学系在实行本科生导师制基础上，尝试让思想政治理论课教师从"经师"向"人师"转变，让思想政治课程产生一个新型的联系，探索实践教学模式，并一直延续下去；开展了思想政治理论课教师引导下学生自主学习、大学生和教师平等交流的读书会活动，以社会科学和流行书目为载体，扩充学生的理论知识；通过定期举办学术沙龙，重点培养了学生的阅读思考能力、分析解决问题能力和交流表达能力，锻炼了学生自主性、平等性、开放性的学习能力。通过开展高校思政教育第二课堂，进一步提升了实践教学的深度，开创了思想政治课程实践教育的新高度。

2. 坚持因材施教的理念

高校学生的思想政治教育工作如果要获得实际效果，就要求这一学科的思想政治教师能够改进方法，因人施教，提高整体素养，创新思想政治教育思路，以提升"融入式"思想政治理论课的针对性。高校思想政治教育的对象是在校大学生，"融入式"思想政治理论课教学体系的创新需要面向全体大学生，运用不同的思想政治教育方式，因时、因地、因人而异，正视矛盾的特殊性。

首先，针对不同阶段的工作任务开展教育，分段培养。学生思想的多元化决定了思想政治教育不同阶段教育方式的多样性，学校可根据学生入学时间的不同，确定不同阶段的教育目的和计划。学期开始，帮助他们制订好发展规划，在课程教育体制方面必须表现分阶段教育的思想，思想政治理论课教学内容须与时俱进，不断丰富学生的基本理论知识，促进学生学业水平的提高和学习能力的提升。中间关心他们的心理卫生问题，重视心理辅导，妥善处理好他们在校期间的各种心理问题，指导工作的重心放在对他们的实际工作能力的养成方面，助力学生把知识转化为能力，进一步提升学生整体素养。最后期间必须做好他们的就业培训工作，协助他们制订人生和职业发展的规划，进一步引导毕业生树立正确的就业观、择业观和创业观，正确掌握社会环境对人才的不同需要，积极创造全面培养人才的新局面。其次，针对不同的对象进行分门别类的教育。在学校生活中，有关部门必须重视对困难家庭学生的照顾和帮助，特别是对那些单亲家庭的孩子要给予更多的关爱，对他们的心理压力给予疏解，帮助其树立正确的世界观、人生观、价值观，以更加积极健康的心态融入集体。思想政治教育工作要更富人情味，进一步提升学生整体素养。

（三）实践教学模式的发展特色

"融入式"政治思想课程在实践教学中实现了显性与隐性结合、正向与反向联系，也是高等学校思想政治课程体制的革新和大胆的探索。

1. 隐性教育与显性教育相融合

"融入式"高校思想政治教育工作达到了这一过程的整合，使整个校园的物质环境、精神文化环境和学校组织的各种活动与思想政治教育本身内容有机结合，实现了显性与隐性教育的结合。高校经改革后，学校的面貌、校园环境和人文精神构成一个完整景，观对于学生思想政治素养的提升也起到了至关重要的作用。所以实施融入式教学的思想政治教师全面分析了高校的自然条件对他们影响，将它不仅作为一种物质形态而是当作高校育人课程的一个方面进行研发，在实践教育过程中让外界条件与学校精神文化氛围相协调，进一步提高思想政治工作的针对性和实效性。

并且，融入式高等学校思想政治教育十分重视高校文化方面与思想政治课程有关的隐性教育。假如高校的外界条件是高校精心谋划的自然环境，属于隐性思想政治教育的组成部分，那么学校的组织和制度则是一种显性教育因素。"融入式"大学生思想政治工作的隐性教育就在于营造一种充满整个校园的人文气氛，文化和人的精神方面的校园文化才是它的核心，这种文化才能表现高校的个性和本质，也就是真正的校魂。所以，"融入式"思想政治课程开发的过程中，立足于人的文化和精神方面的总建构，并且同显性的思想政治工作有机结合，经过高校的各种活动有效地实现学生培养目标。

2. 正向衔接与逆向衔接相融合

正向衔接，即按照时间的同一性，依照从从过去到现在的时间次序，达到高等学校思想政治教育的改革和创新目标。如果不懂得过去，也就无法理解现在，也不要说懂得将来，所以，"融入式"高等学校思想政治教育重视实践教育的关系，不管是基本概念，还是理念的阐释，都必须向学生解读历史环境以及现在研究领域的成就，只有在了解以往的思想政治教育的基础上，才能在思想政治教育方面有所创新。然而，逆向衔接也能出奇制胜，效果显著。所谓逆向衔接就是指从现代思想政治教育过程中出现的各种现象和问题为出发点，回溯以往，深入探索当代思想政治教育工作思想根源和历史文化的关系，进而实现现代与历史的高度统一。"融入式"的教育方法在具体运用的过程中，把正向衔接和逆向衔接高度统一，在实践中使高校学生感悟深厚的思想道德文化内容，对高等学校的思想政治课程教育体制的创新也是一种可贵的探索。

3. 文化资源与教育资源相融合

"融入式"高等学校思想政治教育为实现文化的教育价值，将文化资源以各种生动活泼、学生喜闻乐见的形式引入高校思想政治理论课教学实践中；在整合文化资源的基础上，遵循思想政治教育的特征和原则，根据时代变迁的要求赋予文化资源以时代意义，进一步实现文化资源与教育资源的融合；文化资源与教育资源相融合的过程，不是对文化的简单梳理和对教育的简单过渡，而是一种自然的转化过程。在教学实践过程中，其充分尊重学生主体对文化继承的自觉性和能动性，帮助和引导他们在文化学习过程中与教育资源相结合，践行"知行合一"，提炼精品并推陈出新。

第五节 例谈高校思政课程实践教学方法

一、"中国近现代史纲要"实践教学

（一）"中国近现代史纲要"课实践教学方式

1. 高校思政课堂实践教学模式

通过在高校思政课堂理论教学过程中举办实践教学活动，能够加强学生对理论知识的理解，这也是最为常见的教学模式，通常有案例讨论与小组合作、思政课堂辩论赛，等等。

2. 校内课外实践教学模式

思想政治教师应用课外时间在校内展开与本课程相关的教学活动是纲要课教学内容的延展与拓深，也能够逐步丰富学生的视野，通常思想政治教师会采用带领学生观看历史纪录片或者是阅读历史名著等等，然后引导高校大学生撰写读后感，有助于学生正确认识历史的发展，充实精神生活的同时，提升思想道德认知。

3. 校外社会实践教学模式

思想政治教师可以引导高校大学生有效运用好寒暑假时间进行社会调查与参观访问，通过参与志愿者服务或者是基地考察等各类活动，有助于提高学生对于社会的正确理解和认知，切实增强吃苦耐劳能力与团队协作能力。

（二）"中国近现代史纲要"课实践教学的组织与实施

（1）制定实践教学方案。

在实践教学过程中，思想政治教师应当紧密结合"纲要"课教学内容，以及学生的认知规律制定切实可操作的教学计划，同时要明确实践教育目的与形式、教学内容等。在教学初期，思想政治教师公示体验实践教学计划，然后引导高校大学生正确认识、体验实践教学的重要性，做好学习准备。

（2）指导学生参与教学过程。

学生通过解读实践教学计划，能够对日后的学习方向有初步的理解，所以思想政治教师应当在此基础上有针对性地引导学生科学合理地选择实践内容与学习方案，通过制定实践教学计划，鼓励学生撰写实践心得，或者是进行实践报告探讨等，才能够取得预期的实践教育效果。

（三）"纲要"课实践教学中存在的疑难问题

1. 对实践教育的不重视

长期以来思想政治教育都把重点放在了课堂教育，或者是说老师上课传授知识给学生，然后学生需要依靠自己的理解去钻研知识与相关问题，而忽视了实践的重要性。通常情况下高校思政课堂都是以基础教育为主，内容太过于脱离实际，这样不利于学生对于社会道德的认知。道德往往不是一个人认可就可以，而是需要在社会生活中得到大众认可的一个统一的价值观。在传统思想政治教师的观念里只要在课堂上传授给学生后学生就能形成相应的道德价值观，事实上是不够的，没有通过实践的理论教育是没办法让学生感同身受或者产生认同感的。不仅是思想政治教师，其实很多高校领导也这么认为，他们认识不到实践课的重要性，而所谓的基础课往往也比较单一，缺乏了灵动性。

2. 实践教学概念界定模糊

近几年来，很多高校加强对"纲要"教学的探索，对于教学的探索是长久的，基础的加强是必然的，而实践教学是必须要亲身体会的。然而很多高校老师和领导对于实践的定位不够明确，对于实践的开展，老师的指导不够明确，但组织大学生进行社会实践的活动是刻不容缓的。根据课程的主要教学目标，应针对大学生提出一些涉及实际社会体验的实践教育活动，组织一些有意义的德育主题实践活动，用以提升大学生的思想道德能力和个人素质。作为大学生"纲要"课不是简单的实践活动，更多的是认识到道德的重要性，在更多的实践情况下完善自己的道德修养。

3. 实践教学运作过程松散

可以发现，很多老师对于实践教学也不是太熟悉，基本都是从传统的教学模式转向过来的，对于实践教学每个老师都是动用了自己的教学经验，使出浑身解数来用新模式教导学生，主题都靠老师的自我发挥，虽然场面是比较热烈，但由于缺少经验、缺少材料和完整的考核系统，所以在实践教学上还是存在一定的问题。由于缺乏系统观念，所以整体的实践运行过程过于松散，不太能展现思想政治教师的实力。

4. 师资队伍建设滞后

目前来说对于实践教学还没有完整的体系，也没有专业的组织，学校也不是特别重视，而实践教学对于老师来说是一个非常耗费精力的事情。根据所学专业的不同，思想政治教师也需要准备不同的实践学习工作，更多的是缺乏关于实践的基础经验。学生较多老师较少也是一个疑难问题，这项实践教学任务很难以落到实地。

（四）在"纲要"课设计中要防止的问题

第一，防止因重视课程的特殊性而忽视其一般规定和要求的倾向，下力量讲好基本知识和基本理论。通过思想政治教师的精要讲解，显示"纲要"课所涵盖的学科本身的科学性、系统性和深刻性；防止因重视课程的意识形态性、针对性、实效性和生动性，而忽视其立场、观点和方法传授的倾向，做到"授人以渔"，而不仅仅是"授人以鱼"。近年来为了克服"纲要"课的空洞抽象和说教式、灌输式的弊端，人们愈加重视对于该课程教学方法和技巧的研究和实践，并在多媒体的运用、课件的制作，以及借用个体心理咨询和团体辅导的理论和技术，加强互动和体验，促进学生体验、吸收和内化等方面取得了积极的进展。但与此同时，一些人却忽视了对于系统的教学内容和科学思想方法的研究和教授，重形式而轻内容、重技巧而轻观点是近年来"纲要"课研究和实践中值得关注和需要克服的倾向。

第二，防止因重视课程理论的系统性和全面性而忽视其实践性的倾向，下力量促进理论和实践在高校思政课堂上的内在融合。增强运用高校思政课堂的优质资源指导学生实际生活的主动性和自觉性，更加直接地承担起对大学生社会实践的指导和帮助的责任。要在高校思政课堂上选取大学生在社会实践中最为感动和困惑的正反两方面典型案例，指导大学生以辩证唯物主义的立场和观点为指导，通过师生、生生间的互动以及就事论理等方式让大学生获得认识的升华和科学思维方法的训练，提高大学生分析和解决现实问题的能力，推动实践教学积极成果的扩展和消极效应的降低，促进大学生在"纲要"课学习中的健康成长。

（五）"纲要"课实践教学模式构建

1. 观看经典影视资料

很多时候学生听到的东西可能会出现"左耳进、右耳出"的现象，但对于看到的东西可能会印象更加深刻，并且能够将自己融入所看到的场景当中，并对其进行解读。而"中国近现代史纲要"教学，其实是通过让学生在对历史问题进行探讨的过程中，接受相应的思想政治教育。所以，要想这样的教学方式发挥更大的作用，教师就需要借助多媒体工具，根据教学内容选择相关的影视资料，组织学生观看。当然在开始之前，教师对相关视频要进行相关的背景知识解读，并提出相关问题，让学生带着问题去看视频，会使学生的思维得到开发，并且在播放过后，老师也可以引导高校大学生对自己所关注的内容进行讲解，以让学生在进行思考的过程中，提升自身的爱国情怀。并且在课后可以让学生书写相关的影评，学生在这一过程中，可使相应的民族情感与历史使命感在内心得以深化。

2. 开展高校思政课堂辩论

其实在教学过程中我们不难发现，辩论式教学能够在很大程度上提高学生对所辩观点的认知程度，并且还能充分调动学生对该项知识点的学习积极性。所以在对"中国近现代史纲要"进行实践教学时，可以充分利用这一教学方法。具体来讲，就是将班级同学分为几个小组，以小组的形式组织思政课堂辩论，当然在思政课堂辩论的过程中还要注意几个环节。比如说，辩论主题的确定要依照"纲要"课程中的重点和难点来展开，或者也可以根据社会热点和学生近况的相互关系来进行辩论。然后就是在辩论的过程中，需要辩论双方具有一定的知识储备，能够对辩论的主题进行针对性的讲解，所以在辩论开始之前，双方辩手要仔细研究课本，查阅相关资料，对相应的知识点做充分准备。最后，就是在辩论开展的过程中，老师应扮演的角色，如果说老师仅仅以旁观者的角色存在，就会显得多余，并且学生的思想会随时发生偏差，所以此时老师就要充分发挥自己的作用，对学生的思想进行及时的调整，以使得辩论的方向能够走向正轨。然后就是老师也可以积极引导其他学生对辩论过程中的相关问题提出见解，以提高学生的参与度。学生在这一过程中会对其主题进行深入的研究与学习，在此过程中学生会对相关的国史与民情提高关注度，并且能够将自身的发展与此进行结合，使得学生在不断提升语言组织能力的过程中也提高了明辨是非的能力。

3. 组织学生参观考察

其实很多高校都会根据一些革命历史遗址来开展实践教学，因为这些革命历史教育基地所承载的是沉甸甸的爱国情怀，所以临近革命历史遗址的一些相关高校，可以充分利用这一教育资源，来对"纲要"进行实践性教学。所以在这一过程中，让学生亲身体验，自行解读，会对中国近代史的认知有所升华。并且，还可以鼓励学生对家乡的历史人物以及革命遗址进行深入的研究，并让他们对自己观察过程中所见所闻进行总结，在这一过程中学生对自己周围的真实事件进行研究解读，会有较强的真实感，并且会让爱国主义精神在学生心中牢牢扎根。

二、"思想道德与法治" 实践教学

（一）"思想道德与法治" 课实践教学的功能

1. 道德、法律学习的重要性

道德这个词可追溯到《道德经》。道德是指衡量行为的观念标准，对错的标准是在不同的环境或者不同的特定场景下形成的。在英语中，道德则是用来区分意图是否正当的行为因子。在这门课程的学习中，帮助学生认清社会主义核心价值观以及道德和法律的重要性是非常重要的。苏格拉底曾经说过："一个人的智慧源于道德，他对于道德的认知是可以影响到他的实践，所以美德将在实践中被学会。"所以学生学习这门课程是非常重要的。

2. 提高学生道德行为判断和选择能力

道德判断力是每个人必备的，道德的信念将维持道德行为的进行，道德源于每个人的价值观，但对于自身的道德标准和对于别人的道德标准应该处于同一平线上，不能宽于对己，严于待人。应提升学生对于行为的掌控能力，做事具有善恶价值观。每个学生心理都应该有一杆秤，在上面放置自己的价值观，一旦秤开始倾斜，就应该考虑自己是不是在某些方面欠缺一点思考。

3. 能够使学生主体素质获得不断发展

外界对我国的素质教育普遍认为更注重的事物的内在，其实对于品德修养这件事来说，我国自古都是内外兼修，对内是自己的内心和自己的行为，对外是在外面的表现，是平时为人处事。长久以来我们把受教育者作为道德培养的重要目标，这也是素质教育的一部分。道德与其他的价值观念一样，除了继承于老师、父母或受朋友、亲人等影响的一面，还有源于自己的价值观，在原始道德上发展的一面。但因为生活地点甚至于风俗民情、语言、性格等各种方面的不同，所以每个人对于道德的标准都是不同的，老师能教的只是道德的最低标准，或者说是社会对于道德的最低容忍度和体现。老师应该在高校思政课堂上对学生进行讲解，让学生参与进来分析事件，了解不同的观念，对理论知识更加熟悉了解，加强对马克思主义的学习，在实践的同时也能更加地了解理论知识。

（二）《思想道德与法治》课实践教学的对策

1. 对于实践教育的重要性要有准确的认知

实践性是"思想道德与法治"课特性之一，对于老师来说，他们需要引导高校大学生加深对道德的认知。对于高尚人格的追求，这也是这门课程的一个目的。对于其他的理论课程来说，实践必须要能让学生学习或者说得到更多的启发，不然实践的进行将毫无意义。思想政治教师应该引导高校大学生在实践过程中实现知识的转化，培养学生的个人能力，以及在社会的实践中让高校生更多地了解如何与人交往、怎么提高能力、怎样更好地适应社会的环境、如何更好地适应岗位工作等。在这些环境下，学生才能更加地体验到道德的重要性，才能认识到学习思想道德修养与法律意识的重要性。因为所有的知识都不是纸上谈兵，特别是关于道德修养方面的，在现实生活中是非常重要的，无论何时都用得到，这不仅是需要学习的基本素质，更是日常生活中都会运用到的。所以如何将理论知识运用到实际，也是老师教导后需要学生自己领悟的。

2. 实践教学要有一个界限和标准

对于"思想道德与法治"教学来说，思想政治教师会在教学过程中展开一些跟实践和体验有关系的教学活动，这些实践有社会上的实践，但更多的是在高校思政课堂上的实践。学生通过高校思政课堂实践学习，进行一些知识点的分析、演讲、辩论等等，来完成学生对社会疑难问题的思考，形成自己的思路和思维模式，特别是在道德方面每个人的内心中都有自己的一把秤。对于实践教学来说，其实也算是一定程度的教育改革，但也不完全是改革，更多的是为了让学生从中获得社会认同感，不要完全脱离社会，而要将自己当成社会的一分子，使实际和理论知识结合在一起达到知、情、信、意、行等各种个人行为的统一。

3. 制定有效的实践教学运行制度

若要实施"思想道德与法治"课实践教学，就要制定合理有效的实践教学运行制度，通过制度管理建立教务部门、总务部门和系部之间的协作关系，为之后"思想道德与法治"课的实践教学打下基础。在制定实践教学运行制度的过程中，要通过不断的实践来发现教学中所存在的问题，进而总结教学实践经验、明确教学目的、制定教学大纲、设定教学计划、选择教学方法，完成教学内容，等等。为能够快速促进"思想道德与法治"课实践教学切实贯彻，就要在确保质量的前提下，有目的地推进实践教学的进程。

4. 推进实践教学师资队伍建设

快速推进实践教学活动的动力之一是加强师资队伍的建设，思想政治教师在实践教学活动中是一名组织者，也是一名实施者，同时还是一名指导者，他们在其中起着主导作用，是推进"思想道德与法治"实践教学的主要人力资源。推进"思想道德与法治"课实践教学的首要前提是先组建一只实力雄厚的思想政治教师队伍，理论强、实践强的思想政治教师才能够较好地带领学生进行实践课的学习。关于建设实践教学师资队伍要做到以下三点。

（1）要根据实践课需求来配备师资，保证师资的充足。

（2）对参与"思想道德与法治"实践课的思想政治教师进行系统的培训，加强思想政治教师的实践教学能力，扩展实践教学的方式。

（3）增强思想政治教师的实践教学能力，其除了提升自身教学水平，还要多与社会进行互动，将理论知识切实贯彻到现实社会。

（三）高校"思想道德与法治"课实践教学的实施策略——以微电影教学为例

1. 高校思政课微电影实践教学的概念

时间短、规模小是"微电影"的主要特征。在互联网时代，将微电影融入教育教学已经是不可阻挡的趋势。而在高校思想政治教育建设的过程中，教师可以适当结合微电影，利用这一新型信息载体完成知识和理念的传播，引导大学生加强课程实践，从而提升思政教学的有效性。并且，微电影与思政课程的结合，也能在很大程度上提升课程的趣味性，进而提高学生的参与度。

2. 高校思政课微电影教学的特点

（1）成本低

思政课实践教学要想顺利完成，必须有一定的经费做保障。一直以来，很多高校也都相继成立了思政课实践教学的专项资金，用来保障实践教学的顺利开展。但是在实际的运用过程中总会出现经费不足，甚至挪作他用等一系列问题，导致实践教学不能按原计划进行，让教学效果大打折扣。例如，在参观革命圣地这种实践教学活动中，不仅会产生乘车费用、门票费用，有时甚至还会产生食宿费用。因此，整个实践教学活动中花费并不低，这就导致经费不足问题的出现。有些任课老师因经费不足问题，只能选择带学生去离学校近且免门票的红色圣地去进行参观和学习，这就大大限制实践教学的开展。思政课微电影实践教学不仅对实践的时间地点没有强制要求，而且对经费也没有过多的要求，甚至有时可以达到零成本。学生只需要一部手机就可以完成实践教学的全过程，其中包括微电影的拍摄、后期的剪辑、配音、字幕等，这一系列工作都可以用免费软件完成，这样就可以在很大程度上避免经费的制约，也可以调动更多的学生参与到思政课实践教学中来，有助于高校思政课育人目标的完成。

（2）成效快

有的思政课传统实践教学由于方式较为单一、教法较为老套，学生对此缺乏兴趣，所以容易存在"搭便车"的现象，进而导致部分学生参与度低，实践教学育人成效不突出的问题。要想提高思政课实践教学的育人成效就需要革新实践教学的形式，采用大学生喜闻乐见的方式。这样一来，才会减轻其对教学活动产生抵触情绪，提升其参与度。思政课微电影实践教学紧跟时代潮流，站在短视频的风口上，满足大学生猎奇的心理，也是当代大学生短、精、快知识消费行为的代表。这种新颖的方式可以紧紧吸引大学生的眼球，让大学生乐于参与到这一过程中。随着主题的确定、剧本的撰写、中期的拍摄、后期的剪辑等这一系列的实践活动的推进，学生不仅深化了对思政课知识的理解，更加促进了各方面能力的提升，思政课的实效性明显增强。

（3）可复制

思政课微电影实践教学具有思政课传统实践教学所无法媲美的优点，即它有可复制性。思政课传统实践教学如参观革命圣地和重大事件纪念馆等都具有极大的地域限制，这类实践教学活动只能在所处地区红色资源丰富的高校开展，对处于红色资源相对贫瘠地区的高校有较少参考价值。而思政课微电影实践教学这一形式可以被绝大多数高校所运用，是一种通用的方式，具有很强的复制性。而且高校老师和学生可以根据自身所掌握的理论知识和对社会热点问题的不同认识，来确定不同主题。其主题不仅具有与时俱进的特点，而且具有深刻内涵。思政课微电影实践教学在时间和地域上也相对自由，没有那么多的限制条件，且容易上手，具有简单易操作的特征。完成的优秀微电影作品，通过互联网的传播，会让更多的人关注到这种新型实践教学方式，为想尝试此方法的高校做出示范，最终可以让更多的高校师生从中受益。

（4）传播广

与高校思政课传统实践教学相比，思政课微电影实践教学有更广泛的传播性。具体原因有以下几点：首先，微电影以微小著称，它是新媒体时代特有的产物。它主要依靠手机、平板电脑等移动媒体传播，同时具有浓厚的艺术气息和无穷的魅力，所以受到许多青年群体的青睐。其次，根据中国互联网信息中心发布的数据显示，中国网民的数量正在逐年上升，尤其是青年群体占巨大比例。思政课微电影不仅可以在各大网站、QQ、微信公众号上观看，并且可以下载和转发。由于互联网的传播速度极快，这样一来，便可以不断扩大优秀思政课微电影的传播范围，增强优秀的思政课微电影传播效果。最后，由于当代大学生生活在新事物层出不穷的时代，他们思维敏捷，想法新颖，他们有勇于表达自己的想法。他们从自身的学习生活出发，用自身的所观所感能拍摄出具有生活化的思政课微电影，更能引起大学生这一群体的关注，从而引起大学生群体感情上的共鸣，最终润物细无声般地发挥了思政课的育人作用。

3. 高校"思想道德与法治"课与微电影结合的方法和意义

相比传统方式来说，微电影符合新时代的特征，具有易操作、花费少、时间短、类型多的优势，这契合了微时代即时消费的诉求，调动了大学生参与实践教学的积极性，将它应用于"思想道德与法治"课实践教学中，不仅可以获得广大师生的喜爱，而且可以破解"思想道德与法治"课传统实践教学的若干难题。首先，从微电影的制作来看，它是在老师的指导下，在课上培训的基础上，由学生自主结组来制作微电影，学生可以根据自己的兴趣在指定范围内进行主题选择，并在实践中将这一主题表现出来。在思政课微电影作品拍摄前同样也需要进行调研，与以往不同的是此类调研更能发挥学生的自主性，让学生带着热情参与其中。然后，在老师的指导下经过社会调研、主题确定、剧本撰写、场景拍摄、后期剪辑这一过程，不仅可以让学生体验生活，接受洗礼，提高审美，激发自我潜能，最终促进自我教育意识的提高，而且解决了思政课传统实践教学开展流于形式、组织不规范、学生参与度低的疑难问题。其次，从微电影作品完成后的评价来看，在微电影实践教学结束后，老师不仅可以评价学生的微电影作品，还可以将每位学生的详细总结报告当作评价的重要补充资料，采用作品和报告两者结合的方式，这样一来，老师对学生不仅可以做出过程性评价还可以做出终结性评价，促进评价的科学性。总之，思政课微电影实践教学有着简洁高效的特点和强大的生命力。

自古以来，我国就重视对人的道德品质的培养。在新时期，高校大学生面临着很多选择和诱惑，他们自身也处于成长的重要阶段，所以有必要加强对他们思想观念的教育，这一重任就着落在高校思政教师身上。因此，我们要加强对高校思政课程的建设和发展，优化教学策略和方法，给大学生构建良好的德育环境，以培养他们健全的人格，促进他们身心健康发展，培养其优秀的道德修养，从而为社会发展提供优质人才。

参 考 文 献

[1] 王施泽．新时期高校思政课教师队伍建设新路求索［J］．中学政治教学参考，2020（42）：100.

[2] 郑美丹．高校课程思政的育人价值及其实践路径研究［D］．石家庄：河北科技大学，2020.

[3] 谭爽．新时期高校开展思政工作的几点思考［J］．长江丛刊，2020（34）：180+186.

[4] 周国军．新时期高校大学生思政教育工作发展研究［J］．品位经典，2020（10）：67-68.

[5] 王欢．新时期高校思政教学创新模式研究［J］．才智，2020（20）：122-123.

[6] 欧阳旭．新时代高校思政课教学改革策略分析［J］．文科爱好者（教育教学），2019（06）：3+6.

[7] 姚婷婷，张力，孙健．新时代高校思想政治工作与信息技术融合研究综述［J］．党史博采（下），2019（12）：33-34.

[8] 任滢．新时期高校思想政治理论课教学实效性提升研究［J］．教育现代化，2019，6（80）：274-275+284.

[9] 还丽萍．新时期高校网络思政教育的途径分析［J］．现代经济信息，2019（16）：462.

[10] 严玥．高校思政课实践教学体系创新与研究——以《思想道德修养与法律基础》为例［J］．课程教育研究，2019（19）：91-92.

[11] 常肖晶．高校思想政治理论课实践教学及对策研究［D］．沈阳：辽宁大学，2019.

[12] 袁金祥．新时期高校思想政治理论课实践教学的改革与创新［J］．中国高等教育，2019（Z1）：49-51.

[13] 刘冬丽，杨波，罗莉红．新媒体时代高校思想政治论课教学实效性探究［J］．教育现代化，2019，6（03）：155-157.

[14] 雒霞丽．互联网时代的高校思想政治教育创新探析［J］．新西部，2018（36）：132-133.

[15] 章雨婷．"互联网+"与高校思想政治理论课［J］．现代交际，2018（24）：210+209.

[16] 张妍．新时期高校思政课建设及有效路径探析［J］．忻州师范学院学报，2018，34（06）：105-108.

[17] 李红革，张恒．"互联网+"时代湖南省高校思想政治教育路径创新研究［J］．学校党建与思想教育，2018（24）：53-54.

[18] 李清霞．新时期高校开展思想政治教育的问题及对策［J］．北极光，2018（12）：111-112.

[19] 郑铭．走向生活：优化思想政治理论课实践教学体系的策略思考［J］．湖北经济学院学报（人文社会科学版），2018，15（11）：144-147.

[20] 牟波．新时期下高校思想政治教育教学方法的创新研究［J］．东西南北，2018（17）：137.

[21] 杨娜．思想政治教育在高校社会实践中的渗透策略［J］．山西大同大学学报（社会科学版），2018，32（04）：24-26.

[22] 袁慧晓．高校思想政治理论课课内实践教学研究［D］．昆明：云南大学，2018.

[23] 范灵芝．高校思想政治教育实践育人策略研究［J］．教育理论与实践，2018，38（09）：36-37.

[24] 王磊，李波．新时期高校思想政治理论课实践教学实施策略探究［J］．思想理论教育导刊，2017（10）：103-106.

[25] 邢大海．高校思想政治理论体验式教学应用策略［J］．新西部（理论版），2017（01）：134+140.

[26] 陈玉葵．提高高校思想政治理论课教师素质途径探索［J］．新西部（理论版），2016（24）：154-155.

[27] 颜世晔．高校思政教师情感修养的培育途径探析［J］．高教学刊，2016（24）：196-197.

［28］耿萍．高校思政课建设过程中的价值引领与思考［J］．辽宁省社会主义学院学报，2016（04）：113-116.

［29］刘翠．高校思想政治理论课实践教学改革探究［D］．无锡：江南大学，2015.

［30］孟国芳．基于第二课堂的高校思政课实践教学研究［D］．秦皇岛：燕山大学，2014.